가장 빠른 시간 내에 청취특별훈련 끝내는 책

NEW
Bunka®
NIHONGO LISTENING
청취특별훈련
completed by Bunka Institute of Language

1

시사일본어사

『New Bunka NIHONGO 청취특별훈련(원제 : 楽しく聞こう)』는 1992년 우리나라에 첫선을 보인 「분카 일본어」 시리즈 중의 하나로, 청해 연습용 교재입니다.

『New Bunka NIHONGO 입문회화 1,2 초급회화 1,2』 시리즈는 일본에 있는 文化日本語専門大学가 외국에서 온 유학생들에게 일본어를 가르치기 위해서 편찬한 것입니다. 그러므로 학습과 생활면에서 유학생들에게 필요한 여러 가지 내용을 테마로, 재미있고 즐겁게 공부할 수 있도록 구성되어 있습니다. 『New Bunka NIHONGO 청취특별훈련』의 전체적인 구성은 「New Bunka NIHONGO 입문회화 1,2 초급회화 1,2」 시리즈의 각 과에 나오는 문형이나 토픽에서 발전시킨 것으로, 『New Bunka NIHONGO 청취특별훈련』 1권은 생활 회화에서 제 18과까지, 2권은 제 19과에서 제 36과까지로 되어 있습니다. 그리고 이 교재는 초급 학습자를 대상으로 하고 있지만, 중급 이상의 학습자도 청취 능력 향상을 위해 사용할 수 있습니다. 그러므로 「New Bunka NIHONGO 입문회화 1,2 초급회화 1,2」 시리즈와 병행하거나, 그 교과서를 끝낸 다음에 사용하면 훨씬 학습 효과를 높일 수 있습니다.

그런데 학습자들이 교실 밖에서 드는 일본어는 속도가 빠를 뿐만 아니라 음성이 변하기도 하고 애매해서, 알아듣기 어려울 때가 많습니다. 더구나 회화에서는 같은 말이 반복되거나 생략이 많아지는 점 등, 교과서에서 배우는 기본문형과는 동떨어진 표현도 많습니다.

이런 갭을 메우기 위하여 『New Bunka NIHONGO 청취특별훈련』에서는 될 수 있는 한 보통 대화 속도로 이야기하고 반복되거나 겹쳐지는 소리도 그대로 삽입하여, 일본인들이 실제로 사용하는 일본어에 가깝도록 만들었습니다.

『New Bunka NIHONGO 청취특별훈련』의 구체적인 학습 목표는 청취 능력의 향상과 일본어에 대한 전반적인 이해 능력을 높이는 것에 있습니다. 따라서 문법이나 어구 해석 등에 너무 치중하지 말고, 그림을 보면서 무엇을 들을 것인가 하는 점을 파악한 다음, 즐거운 마음으로 CD를 들으면 됩니다. 그러면서 필요한 정보만을 얻는 훈련을 하도록 하십시오, CD의 일본어 부분 원고와 우리말 대역을 같이 실었으므로, 학습에 참고가 될 것입니다.

이 『New Bunka NIHONGO 청취특별훈련』로 학습자 여러분의 일본어 청취 능력이 크게 향상되기를 바라며, 한국판 간행을 허락해 주신 文化日本語専門大学에 감사를 드립니다.

차 례

1. 전체 구성

이 교재는「New Bunka NIHONGO 입문회화 1,2 초급회화 1,2」시리즈의 각 과의 문형 또는 토 픽에서 발전시킨 것으로「New Bunka NIHONGO 입문회화 1,2 초급회화 1,2」시리즈에 대응한 다.『New Bunka NIHONGO 청취특별훈련 1』에는「New Bunka NIHONGO」입문회화 1권과 2권 이,『NEW Bunka NIHONGO 청취특별훈련 2』에는「New Bunka NIHONGO」초급회화 1권과 2권 을 수록하였다.

2. 각 과의 구성

각 과는 오프닝 페이지, AURAL TEST, SCRIPT, ANSWER의 순으로 구성되어 있다.

a. 오프닝 페이지

그 과에서 다루어지는 토픽이나 어휘, 학습내용, 연습요령 등을 소개하였다.

b. AURAL TEST

Ⅰ과 Ⅱ로 구성되어 있는 과는 Ⅰ에서는 기본적인 구문이나 필요한 어구 등을 이해한 다음, Ⅱ 에서 Ⅰ을 응용한 청해 연습을 한다. 또 독해와 Ⅰ로 구성되어 있는 과는 독해문의 내용이 CD를 이해하는 데 중요한 지침이 되므로, 반드시 그 내용을 파악하고 나서 CD를 들어야 한다.

문제에는 보기를 달아, 자세한 지시를 듣지 않고도 답을 쓸 수 있게 했으며, ＊표는 응용이나 발전학습의 예를 제시한 것이다.

c. SCRIPT

CD의 원고와 우리말 대역을 실었다. 대역은 직역을 원칙으로 하였으나, 표현 내용에 따라 의 역한 부분이 많다. 회화의 전체적인 내용을 이해하고, 필요한 정보만을 골라 듣는 훈련이 중요하 다.

d. ANSWER

문제의 해답이 실려 있으므로, 교실에서는 물론 혼자 공부하는 학습자도 답을 확인할 수 있다.

1. 학습자 여러분께

a. 문제를 잘 읽고 그림을 보며, 지금부터 들을 CD의 내용을 상상하십시오.

b. AURAL TEST Ⅰ은 기본연습이므로, 짧은 문장을 들으면서 CD의 속도에 익숙해지도록 하십시오. 이 단계에서 새로운 단어나 어려운 표현이 있으면 확인을 합니다. Ⅱ에서는 여러 사람이 여러 가지 다른 말투로 이야기하고 있습니다. 전부 들으려고 하지 말고, 필요한 정보만을 골라 듣는 것으로 충분합니다. 처음에는 빠르다는 느낌이 들겠지만, 점차로 CD의 속도에 익숙해질 것입니다.

c. CD를 다 듣고 답하는 것이 아니라 들으면서 답을 써야 한다는 점에 유의하십시오. 또 답하는 방법에는 ∨형식, ○×형식 등 여러 가지가 있으므로 주의하십시오.

d. 교실에서 이 교재를 사용할 때는 친구들이나 선생님과 함께 답을 확인합니다. 틀렸을 때는 한 번 더 CD를 들어 보십시오.
혼자서 공부하는 분은 해답을 보고, 스스로 채점을 해 보십시오. 처음에는 가능한 한 SCRIPT를 보지 않고 연습하는 것이 좋으나, 여러 번 들어도 이해되지 않는 부분은 SCRIPT를 참고하십시오.

2. 교사 여러분께

a. 먼저 교사 여러분이 CD를 들으면서 문제를 풀어 보시기 바랍니다. 그리고 위의 1(학습자 여러분께)을 참조하여, 학습자가 무엇을 들어야 하고 무엇을 듣지 않아도 되는지를 확인하십시오.

b. 각 과의 화제에 대한 질문과 대답을 통해 학습자가 이미지를 파악할 수 있도록 장면에 대해서도 충분히 설명한 후에 CD를 들려 주십시오.

c. AURAL TEST Ⅰ의 보기 부분을 함께 해 본 후에 CD를 멈추고, 답하는 방법을 학습자에게 확인시켜 주십시오.

d. 답을 맞춘 후, CD를 들려 주면서 다시 한 번 내용을 확인시켜 주십시오.

e. AURAL TEST Ⅱ는 Ⅰ에 비해 어려운 어구들이 나오지만, 특별한 지시가 없는 한, 학습자가 SCRIPT부분을 보지 않도록 해 주십시오.

f. CD는 2번(답을 쓸 때와 맞추고 난 다음) 들려 주는 것이 적당하지만, 학습자의 수준에 맞추어 어려운 부분을 중간에 반복해서 들려주어도 좋습니다.

g. 1과당 수업 시간은 20분에서 50분 정도가 적당합니다. 그러나 독해나 토의에 연결되어 있는 과는 그 배의 시간이 걸릴 수도 있습니다. 수업의 방법이나 학습자의 수준, 이해도에 맞추어 시간을 가감해 주십시오.

生活会話 1

1, 2, 3

토픽·어휘	숫자
학습 내용	여러 가지 숫자(전화 번호 포함) 읽기를 듣는다. (테이프 시간 : 7분 12초)

연습 요령

- I　단계 : 숫자를 듣고 그 숫자를 적는다.
- II-1단계 : 숫자를 선으로 연결하여 그림을 완성시킨다.
- II-2단계 : 전화 번호를 듣고 적는다. 전화 번호는 다소 다르게 읽는 점에
　　　　　 주의한다.

I ．数字を書きなさい。

例
ex.　　*52*

1 ________		6 ________
2 ________		7 ________
3 ________		8 ________
4 ________		9 ________
5 ________		10 ________

II－1．数字を線でつなぎなさい。

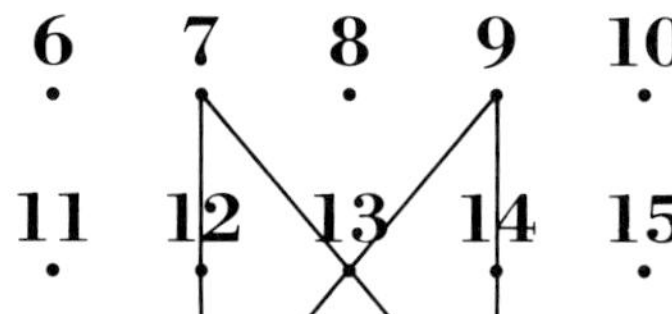

A

1	2	3	4	5
6	7	8	9	10
11	12	13	14	15
16	17	18	19	20
21	22	23	24	25

B

1	3	5	7	9
11	13	15	17	19
21	23	25	27	29
31	33	35	37	39
41	43	45	47	49

C

100	150	200	250	300
350	400	450	500	550
600	650	700	750	800
850	900	950	1000	1050
1100	1150	1200	1250	1300

D

100	150	200	250	300
350	400	450	500	550
600	650	700	750	800
850	900	950	1000	1050
1100	1150	1200	1250	1300

II—2. 何番ですか。

例
ex. ______03 - 3299 - 2011________________

1 ___________________________

2 ___________________________

3 ___________________________

4 ___________________________

5 ___________________________

Ⅰ．数字を書きなさい。

例) 52

1．21
2．19
3．356
4．798
5．1,991

6．5,403
7．6,210
8．29,807
9．40,320
10．902,900

Ⅱ─1．数字を線でつなぎなさい。

例) 7と13、13と9、9と14、14と19、19と13、13と17
　　17と12、12と7

A．2と3、3と4、4と9、9と13、13と17、17と22、22と23
　　23と24

B．7と5、5と3、3と13、13と23、23と25、25と27
　　27と37、37と47、47と45、45と43

C．800と500、500と200、200と400、400と600、600と650、650と700
　　700と750、750と800、800と1,050、1,050と1,300、1,300と1,250、
　　1,250と1,200、1,200と1,150、1,150と1,100、1,100と850、850と600

D．700と750、750と800、800と550、550と200、200と350、350と600
　　600と650、650と700、700と950、950と1,200、1,200と1,150
　　1,150と900

Ⅱ─2．何番ですか。

例) A：文化外国語専門学校は何番ですか。
　　B：03─3299─2011です。
　　A：03─3299─2011ですね。ありがとうございました。

1．A：すみません、パクさんのうちは何番ですか。
　　B：03の3246の（A：はい）1010です。
　　A：3246の1010ですね。
　　B：そうです。

Ⅰ. 숫자를 쓰시오.

보기 52

1. 21
2. 19
3. 356
4. 798
5. 1,991

6. 5,403
7. 6,210
8. 29,807
9. 40,320
10. 902,900

Ⅱ-1. 숫자를 선으로 이으시오.

보기 7과 13, 13과 9, 9와 14, 14와 19, 19와 13, 13과 17
17과 12, 12과 7

A. 2와 3, 3과 4, 4와 9, 9와 13, 13과 17, 17과 22, 22와 23
23과 24

B. 7과 5, 5와 3, 3과 13, 13과 23, 23과 25, 25와 27
27과 37, 37과 47, 47과 45, 45와 43

C. 800과 500, 500과 200, 200과 400, 400과 600, 600과 650, 650과 700
700과 750, 750과 800, 800과 1,050, 1,050과 1,300, 1,300과 1,250
1,250과 1,200, 1,200과 1,150, 1,150과 1,100, 1,100과 850, 850과 600

D. 700과 750, 750과 800, 800과 550, 550과 200, 200과 350, 350과 600
600과 650, 650과 700, 700과 950, 950과 1,200, 1,200과 1,150,
1,150과 900

Ⅱ-2. 몇 번입니까?

보기 A : 문화외국어 전문학교는 몇 번입니까?
B : 03의 3299의 2011입니다.
A : 03의 3299의 2011이군요. 감사합니다.

1. A : 미안합니다, 박씨 댁은 몇 번입니까?
B : 03의 3246의(A : 예.) 1010입니다.
A : 3246의 1010이군요.
B : 그렇습니다.

2．A：東京駅の電話番号は何番ですか。
　　B：東京駅は…ええと、3231の0034、3231の0034です。
　　A：はい、ありがとうございました。

3．A：すみません、あの田中さんのうちは何番ですか。
　　B：田中さん？（A：ええ）田中さんは03の5213の（A：5213の…）8111です。
　　A：8111…03の5213の8111ですね。どうも。

4．A：ディズニーランドは何番ですか。
　　B：ええと、ディズニーランドは0473の（A：0473…）54の0001です。
　　A：0473の54の0001、0が3個ですね。

5．A：成田空港の電話番号は…。
　　B：はい、0476の32の2802、0476の32の2802です。
　　A：0476の32の2802ですね。ありがとうございました。

2. A : 도꾜 역의 전화 번호는 몇 번입니까?
   B : 도꾜 역은… 저…, 3231의 0034, 3231의 0034입니다.
   A : 네. 감사합니다.

3. A : 미안합니다, 저 다나까 씨 댁은 몇 번입니까?
   B : 다나까 씨? (A : 예) 다나까 씨는 03의 5213의… (A : 5213의…) 8111입니다.
   A : 8111…03의 5213의 8111이군요. 고맙습니다.

4. A : 디즈니랜드는 몇 번입니까?
   B : 저…, 디즈니랜드는 0473의… (A : 0473…) 54의 0001입니다.
   A : 0473의 54의 0001, 0이 세 개군요.

5. A : 나리따 공항의 전화 번호는?
   B : 예, 0476의 32의 2802, 0476의 32의 2802입니다.
   A : 0476의 32의 2802군요. 감사합니다.

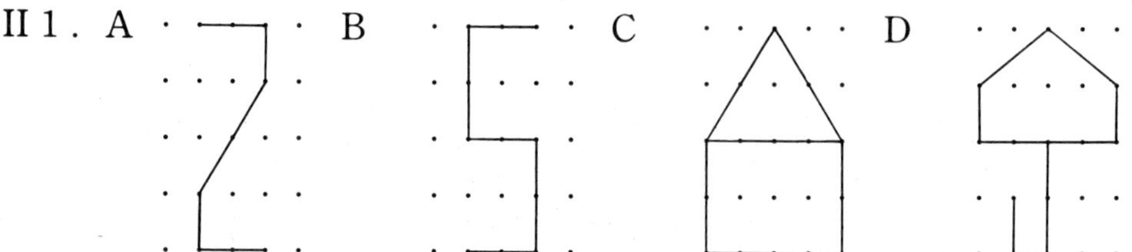

Ⅰ．　1．21　　2．19　　3．356　　4．798　　5．1,991　6．5,403

　　7．6,210　8．29,807　9．40,320　10．902,900

Ⅱ1．A　　　　B　　　　C　　　　D

Ⅱ2．　1．03-3246-1010　　2．3231-0034　　3．03-5213-8111

　　4．0473-54-0001　　5．0476-32-2802

いくらですか。

얼마입니까?

토픽·어휘	물건의 이름과 가격
학습 내용	물건의 이름과 가격을 듣는다. (테이프 시간 : 4분 11초)

연습 요령

- Ⅰ　단계 : 물건의 이름에는 개의치 않고, 가격에만 주의하여 듣는다.
- Ⅱ-1단계 : 제시되는 문제의 번호를 적는다.
- Ⅱ-2단계 : 응용문제이다. 물건의 이름과 가격을 함께 듣는다(문제는 그림 순서대로 되어 있지 않다).

I. いくらですか。

例
ex.

(500 円)

1	**2**	**3**	**4**
(円)	(円)	(円)	(円)
5	**6**	**7**	**8**
(円)	(円)	(円)	(円)
9	**10**		
(円)	(円)		

II－1. 番号を書きなさい。

II－2. いくらですか。

Ⅰ．いくらですか。

例）A：ラーメンはいくらですか。
　　B：500円です。

1．A：サンドイッチはいくらですか。
　　B：600円です。
　　A：600円ですね。

2．A：コーヒーはいくらですか。
　　B：コーヒーは450円です。
　　A：450円ですか。

3．A：すみません。ジュースをください。
　　B：はい、400円です。
　　A：400円ですか。
　　B：はい。

4．A：ハンバーガーはいくらですか。
　　B：270円です。
　　A：270円ですね。

5．A：カレーライスはいくらですか。
　　B：ええと、750円、750円ですね。
　　A：はい、じゃあ、750円。

6．A：Tシャツ、安いですよ。1,030円ですよ。
　　B：え？いくらですか。
　　A：1,030円ですよ。

7．A：これ、ください。
　　B：1,570円です。
　　A：せん…ごひゃく…ななじゅうえん…と。

8．A：わ、すてきな車。いくらですか。
　　B：250万円です。
　　A：250万円？高い。

9．A：じゃあ、この自転車はいくらですか。
　　B：36,000円です。

Ⅰ. 얼마입니까?

보기　A : 라면은 얼마입니까?
　　　　B : 500엔입니다.

1. A : 샌드위치는 얼마입니까?
　 B : 600엔입니다.
　 A : 600엔이군요.

2. A : 커피는 얼마입니까?
　 B : 커피는 450엔입니다.
　 A : 450엔입니까?

3. A : 여보세요. 주스를 주세요(주스를 부탁합니다).
　 B : 예, 400엔입니다.
　 A : 400엔입니까?
　 B : 예.

4. A : 햄버거는 얼마입니까?
　 B : 270엔입니다.
　 A : 270엔이군요.

5. A : 카레 라이스는 얼마입니까?
　 B : 저…, 750엔, 750엔이에요.
　 A : 예, 여기 있어요, 750엔.

6. A : 티셔츠, 쌉니다. 1,030엔이에요.
　 B : 예? 얼마입니까?
　 A : 1,030엔입니다.

7. A : 이거 주세요.
　 B : 1,570엔입니다.
　 A : 천…오백…칠십 엔…이라.

8. A : 어머, 멋진 자동차. 얼마입니까?
　 B : 250만 엔입니다.
　 A : 250만 엔? 비싸라.

9. A : 그럼, 이 자전거는 얼마입니까?
　 B : 36,000엔입니다.

10．A：このテレビいくら？
　　B：安いですよ。26,702円です。
　　A：26,702円ねえ。

II－1．番号を書きなさい。

例）A：すみません、ハンバーガーをください。
　　B：はい、ハンバーガーですね。

1．A：すみません、あの、コーヒーをください。
　　B：はい、コーヒーですね。

2．A：すみません、ラーメンください。
　　B：は？何ですか。
　　A：あの、ラーメンをください。
　　B：ラーメンですね。

3．A：あの、ジュースください。
　　B：はい、どうぞ。300円です。

4．A：あの、カレーは…。
　　B：カレーですか。650円です。
　　A：じゃ、カレーをください。
　　B：はい。

II－2．いくらですか。

例）A：すみません、ハンバーガーをください。
　　B：はい。
　　A：いくらですか。
　　B：250円です。
　　A：250円ですね。はい。

1．A：あのう、すみません、ミルクをください。
　　B：はい、ミルクですね。
　　A：いくらですか。
　　B：150円です。
　　A：あの、すみません、いくらですか。
　　B：150円です。
　　A：150円ですね。

10. A : 이 텔레비전은 얼마 ?
　　B : 쌉니다. 26, 702엔입니다.
　　A : 26, 702엔이란 말이죠.

II-1. 번호를 쓰시오.

보기　A : 여보세요. 햄버거 주세요(햄버거를 부탁합니다).
　　　　B : 알겠습니다. 햄버거지요.

1. A : 여보세요, 저…, 커피 주세요(저…, 커피를 부탁합니다).
　　B : 알겠습니다. 커피지요.

2. A : 여보세요. 라면 주세요(라면을 부탁합니다).
　　B : 예 ? 뭐라고요 ?
　　A : 저, 라면을 주세요.
　　B : 라면이요.

3. A : 저…, 주스 주세요.
　　B : 예, 여기 있습니다. 300엔입니다.

4. A : 저…, 카레는….
　　B : 카레 말입니까 ? 650엔입니다.
　　A : 그럼, 카레를 주세요.
　　B : 예.

II-2. 얼마입니까 ?

보기　A : 여보세요, 햄버거 주세요(햄버거를 부탁합니다).
　　　　B : 예.
　　　　A : 얼마입니까 ?
　　　　B : 250엔입니다.
　　　　A : 250엔이군요. 예(여기 있어요).

1. A : 저…, 여보세요. 밀크 주세요(저…, 밀크를 부탁합니다).
　　B : 예, 밀크요.
　　A : 얼마입니까 ?
　　B : 150엔입니다.
　　A : 저, 미안합니다, 얼마입니까 ?
　　B : 150엔입니다.
　　A : 150엔이군요.

2．A：すみません、スパゲッティください。
　　B：はい、800円です。
　　A：え？いくらですか。
　　B：800円です。
　　A：はい、800円ですね。

3．A：あのう、すみません、紅茶をください。
　　B：はい。200円です。
　　A：あの、200円ですか。
　　B：はい、そうです。200円です。

4．A：あの、すみません、サンドイッチはいくらですか。
　　B：320円ですよ。
　　A：320円ですか。じゃあ、サンドイッチください。
　　B：はい、おひとつね。

2. A : 여보세요. 스파게티 주세요(스파게티를 부탁합니다).
   B : 예, 800엔입니다.
   A : 예 ? 얼마라고요 ?
   B : 800엔입니다.
   A : 예, 800엔이군요.

3. A : 저…, 여보세요. 홍차를 주세요(저…, 홍차를 부탁합니다).
   B : 예. 200엔입니다.
   A : 저, 200엔입니까 ?
   B : 예, 그렇습니다. 200엔입니다.

4. A : 저, 여보세요. 샌드위치는 얼마입니까 ?
   B : 320엔입니다.
   A : 320엔입니까 ? 그럼, 샌드위치 주세요.
   B : 예, 한 개지요.

Ⅰ． 1．600円   2．450円   3．400円   4．270円   5．750円
     6．1,030円 7．1,570円 8．250万円 9．36,000円 10．26,702円

Ⅱ1.

4	例	1
	2	3

Ⅱ2.

150		例250
200	320	800

제1과(1)

何時ですか。

몇 시입니까?

토픽·어휘	시간
학습 내용	①시간을 나타내는 표현을 듣는다. (테이프 시간 : 4분 06초) ②〈문법·문형〉 ～から ～まで
연습 요령	• Ⅰ 단계 : 시간을 듣고 답을 ○×로 표기한다. • Ⅱ-1단계 : 대화 내용을 듣고 시간을 적는다. • Ⅱ-2단계 : 그림이 무엇을 뜻하고 있는가를 확인한 후에 시간을 적는다.

I. 例のように○か×を書きなさい。

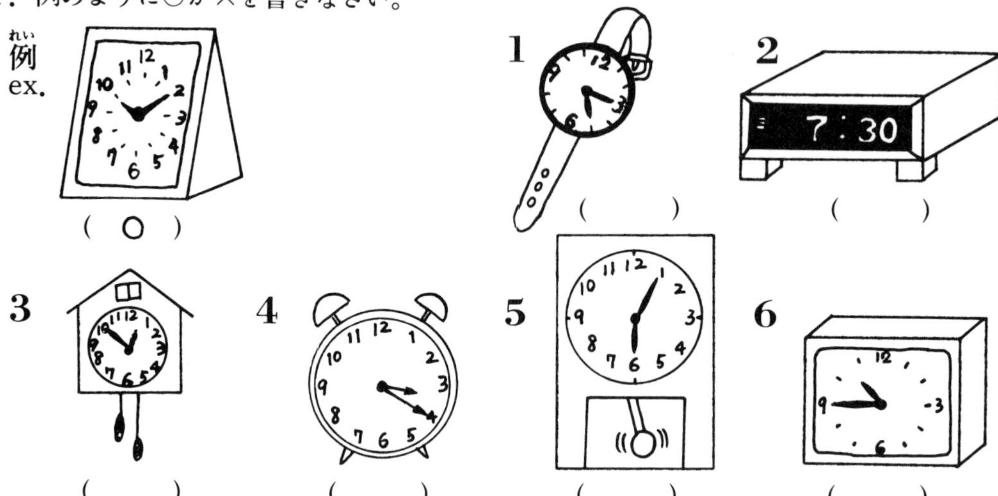

II－1. 時間を書きなさい。

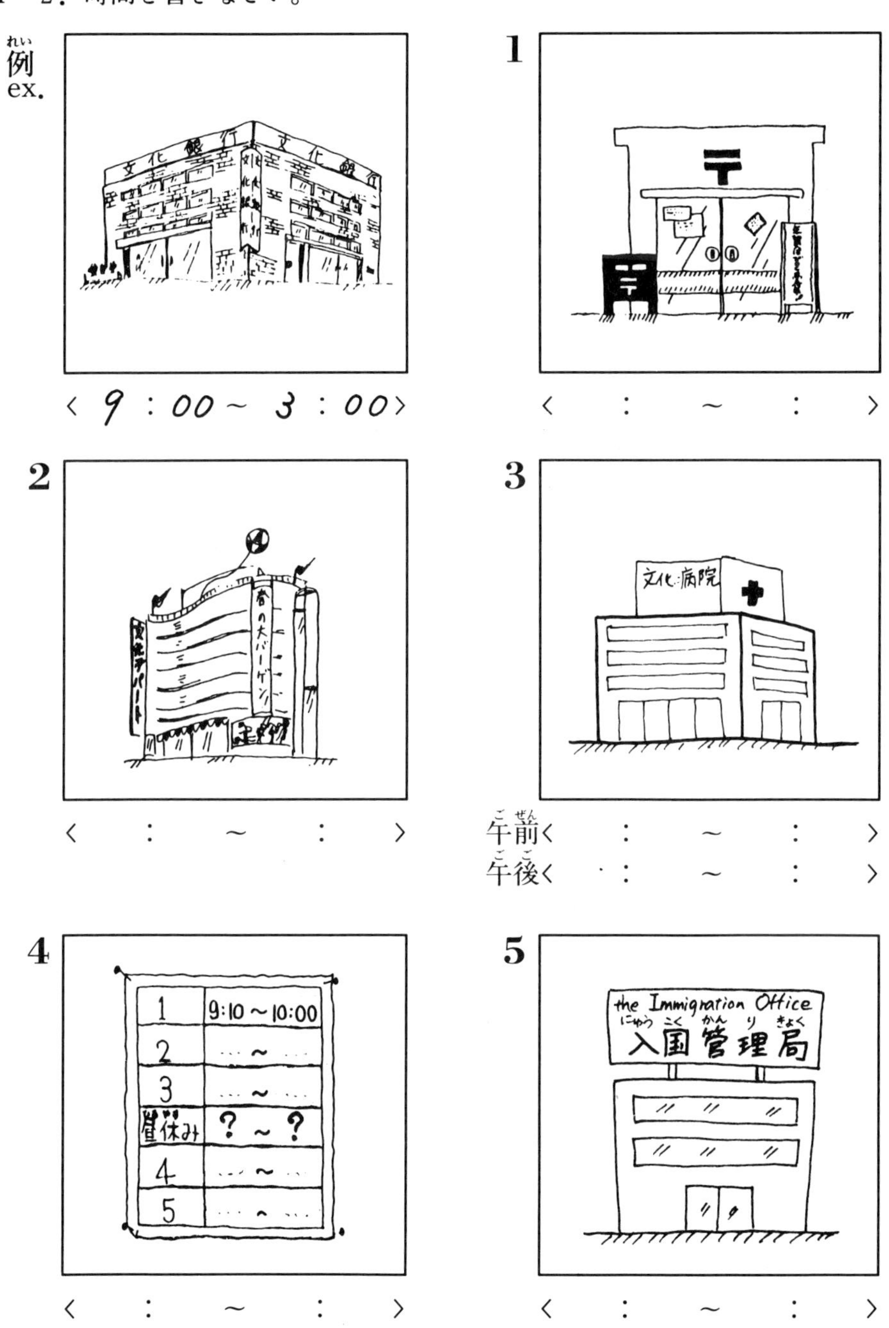

例
ex.
〈 9：00 ～ 3：00 〉

1

2

3
午前〈　：　～　：　〉
午後〈　：　～　：　〉

4
1　9:10～10:00
2　…～…
3　…～…
昼休み　？～？
4　…～…
5　…～…

5
the Immigration Office
入国管理局

Ⅰ．例のように○か×を書きなさい。

例）10時10分です。
1．5時30分です。
2．7時半です。
3．1時10分前です。

4．3時20分です。
5．6時5分前です。
6．11時15分です。

Ⅱ―1．時間を書きなさい。

例）A：すみません。今、何時ですか。
　　B：ええと、今、9時25分です。
　　A：9時25分ですか。ありがとうございました。

1．A：すみません。今、何時ですか。
　　B：8時45分です。
　　A：は？
　　B：8時45分ですよ。
　　A：ああ、わかりました。ありがとうございました。

2．A：すみません。
　　B：はい。
　　A：今、何時ごろですかね。
　　B：えっと、4時5分前ですよ。
　　A：え？
　　B：4時5分前です。
　　A：え？4時5分ですか。
　　B：いいえ、4時5分前です。

3．A：もしもし、マリーさんですか。
　　B：はい。
　　A：おはようございます。よしこです。今、イギリスは何時ですか。
　　B：今、1時半です。
　　A：へぇ。日本は10時半ですよ。
　　B：おやすみなさい。

4．A：今、何時？
　　B：8時40分よ。
　　A：そうか、8時40分か…。
　　B：学校は、9時10分からでしょ？
　　A：そう。…え、8時40分。大変。

Ⅰ. 보기와 같이 ○ 또는 ×를 표기하시오.

보기　10시 10분입니다.
1. 5시 30분입니다.
2. 7시 반입니다.
3. 1시 10분 전입니다.

4. 3시 20분입니다.
5. 6시 5분 전입니다.
6. 11시 15분입니다.

Ⅱ-1. 시간을 쓰시오.

보기　A : 실례합니다. 지금 몇 시입니까?
　　　 B : 저…, 지금 9시 25분입니다.
　　　 A : 9시 25분입니까? 감사합니다.

1. A : 실례합니다. 지금 몇 시입니까?
　 B : 8시 45분입니다.
　 A : 예?
　 B : 8시 45분입니다.
　 A : 아아, 알았습니다. 감사합니다.

2. A : 저기….
　 B : 예.
　 A : 지금 몇 시쯤 됐나?
　 B : 저…, 4시 5분 전이에요.
　 A : 응?
　 B : 4시 5분 전입니다.
　 A : 뭐? 4시 5분이라고?
　 B : 아니오, 4시 5분 전입니다.

3. A : 여보세요, 마리 씨입니까?
　 B : 예.
　 A : 안녕하세요? (아침 인사) 요시꼬입니다. 지금 영국은 몇 시입니까?
　 B : 지금 1시 반이에요.
　 A : 어머. 일본은 10시 반인데요.
　 B : 잘 자요.

4. A : 지금, 몇 시?
　 B : 8시 40분이다.
　 A : 그래? 8시 40분이란 말이지….
　 B : 학교는 9시 10분부터지?
　 A : 그래. …에? 8시 40분. 아이고 큰일났네.

II－2．時間を書きなさい。

例）A：すみません。銀行は何時からですか。
　　B：9時からです。
　　A：9時からですね。ええと、何時までですか。
　　B：3時までです。
　　A：はい、わかりました。ありがとうございました。

1．A：あのう、郵便局は何時から何時までですか。
　　B：はい、9時から5時までです。
　　A：はい？9時から…。
　　B：9時から5時までです。

2．A：すみません。文化デパートは何時から何時までですか。
　　B：10時から7時までです。
　　A：10時から7時まですね。ありがとうございました。

3．A：病院は何時からですか。
　　B：午前は8時半からです。8時半から11時半までです。
　　A：8時半から11時半まですね。
　　B：はい。それから、午後は1時から3時までです。
　　A：午後は1時から3時まで…。はい、ありがとうございました。

4．A：良子さん、昼休みは何時から何時までですか。
　　B：昼休み？12時から1時までよ。
　　A：あ、そうですか。ありがとう。

5．A：チンさん、入国管理局は何時からですか。
　　B：え？入国管理局？ああ、入管ね。ええと、9時からよ。
　　A：何時までですか。
　　B：5時までだと思うけど。
　　A：9時から5時までですか。どうも。

Ⅱ-2. 시간을 쓰시오.

보기 A : 실례합니다. 은행은 몇 시부터입니까?
　　　B : 9시부터입니다.
　　　A : 9시부터군요. 저…, 몇 시까지입니까?
　　　B : 3시까지입니다.
　　　A : 예, 알았습니다. 감사합니다.

1. A : 저…, 우체국은 몇 시부터 몇 시까지입니까?
　 B : 예, 9시부터 5시까지입니다.
　 A : 예? 9시부터….
　 B : 9시부터 5시까지입니다.

2. A : 실례합니다. 붕까 백화점은 몇 시부터 몇 시까지입니까?
　 B : 10시부터 7시까지입니다.
　 A : 10시부터 7시까지군요. 감사합니다.

3. A : 병원은 몇 시부터입니까?
　 B : 오전은 8시 반부터입니다. 8시 반부터 11시 반까지입니다.
　 A : 8시 반부터 11시 반까지군요.
　 B : 예. 그리고 오후는 1시부터 3시까지입니다.
　 A : 오후는 1시부터 3시까지…. 예, 감사합니다.

4. A : 요시꼬 씨, 점심 시간은 몇 시부터 몇 시까지입니까?
　 B : 점심 시간? 12시부터 1시까지예요.
　 A : 아, 그렇습니까? 고맙습니다.

5. A : 진 씨, 입국 관리국은 몇 시부터입니까?
　 B : 예? 입국 관리국? 아아, 입관(入管)말이지. 저…, 9시부터예요.
　 A : 몇 시까지입니까?
　 B : 5시까지라고 생각하는데.
　 A : 9시부터 5시까지입니까? 고맙습니다.

Ⅰ． 　1．× 　　2．○ 　　3．○ 　　4．○ 　　5．× 　　6．×

Ⅱ1． 　1．8：45 　　2．3：55 　　3．1：30 　　4．8：40

Ⅱ2． 　1． 9：00～5：00 　2． 10：00～7：00 　3． 8：30～11：30/1：00～3：00
　　　4． 12：00～1：00 　5． 9：00～5：00

제 1 과 (2)

誕生日はいつですか。

생일은 언제입니까 ?

토픽·어휘	날짜 · 요일
학습 내용	날짜 · 요일 등을 나타내는 표현을 듣는다.
	(테이프 시간 : 3분 50초)

연습 요령

- Ⅰ-1단계 : 날짜을 듣고 해당하는 것에 체크한다(√기호로).
- Ⅰ-2단계 : 요일의 정 · 오답을 표기한다(○×기호로).
- Ⅱ-1단계 : 대화 내용을 듣고 생일을 적는다.
- Ⅱ-2단계 : 대화 내용이 나타내는 기간을 적는다.

Ⅰ－1. 例のように書きなさい。

例 ex. ☐ ✓	7月2日 7月20日	**1** ☐ ☐ 1月3日 1月6日	**2** ☐ ☐ 2月4日 2月8日
3 ☐ ☐	5月5日 5月10日	**4** ☐ ☐ 1月7日 7月7日	**5** ☐ ☐ 11月9日 11月5日
6 ☐ ☐	12月1日 12月11日	**7** ☐ ☐ 10月10日 10月8日	**8** ☐ ☐ 4月17日 4月11日

Ⅰ－2. ○か×を書きなさい。

例（ ○ ）　　**1** （　　）　**2** （　　）　**3** （　　）
ex.　　　　　**4** （　　）　**5** （　　）　**6** （　　）

4月	April
にち げつ か すい もく きん ど
日 月 火 水 木 金 土

日	月	火	水	木	金	土
			1	2	3	4
5	6	7	8	9	10	11
12	13	14	15	16	17	18
19	20	21	22	23	24	25
26	27	28	29	30		

5月	May
にち げつ か すい もく きん ど
日 月 火 水 木 金 土

日	月	火	水	木	金	土
					1	2
3	4	5	6	7	8	9
10	11	12	13	14	15	16
17	18	19	20	21	22	23
24	25	26	27	28	29	30
31						

II—1. 誕生日を書きなさい。

II—2. 例のように書きなさい。

Ⅰ－1．例のように書きなさい。

例）7月20日です。

1．1月6日です。
2．2月4日です。
3．5月10日です。
4．7月7日です。

5．11月9日です。
6．12月1日です。
7．10月8日です。
8．4月11日です。

Ⅰ－2．○か×を書きなさい。

例）4月15日は水曜日です。

1．4月3日は月曜日です。
2．4月24日は金曜日です。
3．5月2日は土曜日です。

4．5月31日は火曜日です。
5．5月20日は水曜日です。
6．5月17日は日曜日です。

Ⅱ－1．誕生日を書きなさい。

例）A：良子さん、良子さんの誕生日はいつですか。
　　B：誕生日？5月10日です。
　　A：え？5月…。
　　B：10日です。

1．A：小野さんの誕生日は3月ですよね。
　　B：はい、3月3日です。
　　A：ああ、3月3日ですか。

2．A：佐藤さんの誕生日はいつですか。
　　B：私の誕生日は12月20日です。
　　A：12月2日ですか。
　　B：いえ、20日、12月20日です。

3．A：田中さんの誕生日はいつですか。
　　B：私の誕生日ですか。8月4日です。
　　A：8月8日ですか。
　　B：いいえ、8月4日です。

4．A：鈴木さんの誕生日はいつですか。
　　B：私の誕生日は6月5日です。
　　A：6月5日ですか。へえ。

Ⅰ. 보기와 같이 쓰시오.

보기　7월 20일입니다.
1. 1월 6일입니다.　　　　　　　5. 11월 9일입니다.
2. 2월 4일입니다.　　　　　　　6. 12월 1일입니다.
3. 5월 10일입니다.　　　　　　7. 10월 8일입니다.
4. 7월 7일입니다.　　　　　　　8. 4월 11일입니다.

Ⅰ-2. ○ 또는 ✕를 표기하시오.

보기　4월 15일은 수요일입니다.
1. 4월 3일은 월요일입니다.　　　4. 5월 31일은 화요일입니다.
2. 4월 24일은 금요일입니다.　　　5. 5월 20일은 수요일입니다.
3. 5월 2일은 토요일입니다.　　　　6. 5월 17일은 일요일입니다.

Ⅱ-1. 생일을 쓰시오.

보기　A : 요시꼬 씨, 요시꼬 씨의 생일은 언제입니까?
　　　　B : 생일? 5월 10일입니다.
　　　　A : 예? 5월….
　　　　B : 10일입니다.

1. A : 오노 씨의 생일은 3월이지요?
　 B : 예, 3월 3일입니다.
　 A : 아아, 3월 3일입니까?

2. A : 사또 씨의 생일은 언제입니까?
　 B : 내 생일은 12월 20일입니다.
　 A : 12월 2일입니까?
　 B : 아니, 20일, 12월 20일입니다.

3. A : 다나까 씨의 생일은 언제입니까?
　 B : 내 생일이요? 8월 4일입니다.
　 A : 8월 8일입니까?
　 B : 아니오, 8월 4일입니다.

4. A : 스즈끼 씨의 생일은 언제입니까?
　 B : 내 생일은 6월 5일입니다.
　 A : 6월 5일입니까? 그래요.

５．Ａ：さちこさん、誕生日はいつ？
　　Ｂ：９月６日よ。
　　Ａ：へえ。９月６日。私と同じよ。

Ⅱ－２．例のように書きなさい。

例) Ａ：テストはいつからですか。
　　Ｂ：７月21日からです。
　　Ａ：いつまでですか。
　　Ｂ：ええと、７月24日までです。

１．Ａ：夏休みはいつからいつまでですか。
　　Ｂ：７月28日から８月31日までです。
　　Ａ：７月28日から８月…。
　　Ｂ：８月31日までです。

２．Ａ：文化祭はいつですか。
　　Ｂ：11月２日から４日までです。
　　Ａ：11月２日からですか。
　　Ｂ：ええ、４日までです。

３．Ａ：キャンプはいつからいつまでですか。
　　Ｂ：６月６日から８日までです。
　　Ａ：６月ですか。
　　Ｂ：はい。６日から８日までです。

5. A : 사찌꼬 씨, 생일은 언제 ?
   B : 9월 6일이야.
   A : 어머. 9월 6일. 내 생일과 같네.

II -2. 보기와 같이 쓰시오.

보기   A : 시험은 언제부터입니까 ?
   B : 7월 21일부터입니다.
   A : 언제까지입니까 ?
   B : 저⋯, 7월 24일까지입니다.

1. A : 여름 방학은 언제부터 언제까지입니까 ?
   B : 7월 28일부터 8월 31일까지입니다.
   A : 7월 28일부터 8월⋯.
   B : 8월 31일까지입니다.

2. A : 문화제는 언제입니까 ?
   B : 11월 2일부터 4일까지입니다.
   A : 11월 2일부터입니까 ?
   B : 예. 4일까지입니다.

3. A : 캠프는 언제부터 언제까지입니까 ?
   B : 6월 6일부터 8일까지입니다.
   A : 6월입니까 ?
   B : 예. 6일부터 8일까지입니다.

Ⅰ1．1・1月6日　　2．2月4日　　3．5月10日　　4．7月7日
　　　5．11月9日　　6．12月1日　　7．10月8日　　8．4月11日

Ⅰ2．1．×　　2．○　　3．○　　4．×　　5．○　　6．○

Ⅱ1．1．3月3日　　2．12月20日　　3．8月4日　　4．6月5日
　　　5．9月6日

Ⅱ2．1．7月28日〜8月31日　　2．11月2日〜11月4日
　　　3．6月6日〜6月8日

제 2 과

何ですか。

무엇입니까?

토픽·어휘	교실 안에 있는 물건의 이름
학습 내용	교실 안에 있는 물건의 이름을 듣는다. (테이프 시간 : 1분 48초)

연습 요령

- I 단계 : 테이프를 듣고 해당하는 그림에 번호를 적는다.
- II 단계 : 테이프를 듣고 해당하는 그림에 기호를 적는다(문제의 그림이 오른쪽 그림의 어느 부분에 해당하는가를 확인한다).

I．テープを聞いて絵に番号を書きなさい。

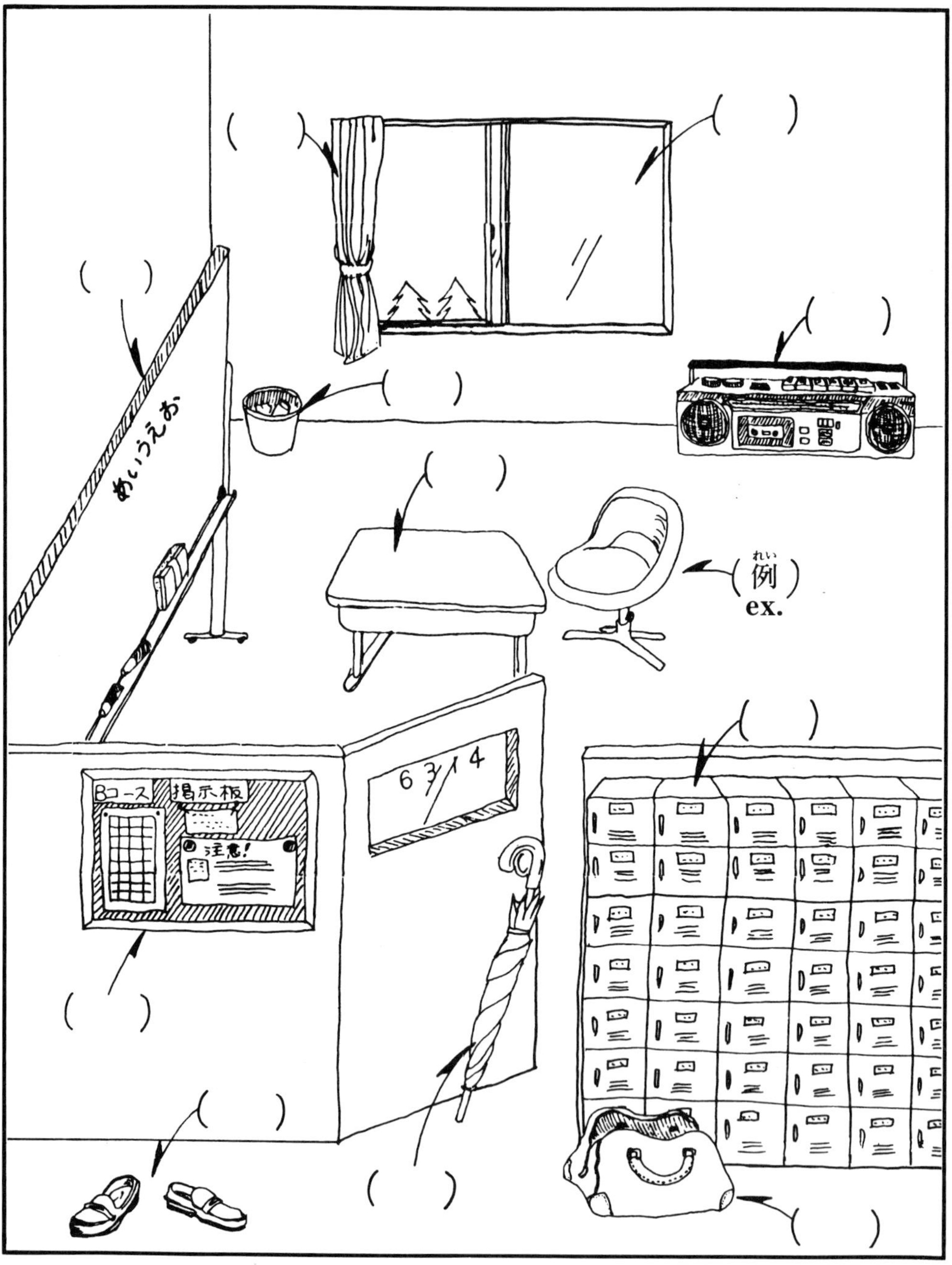

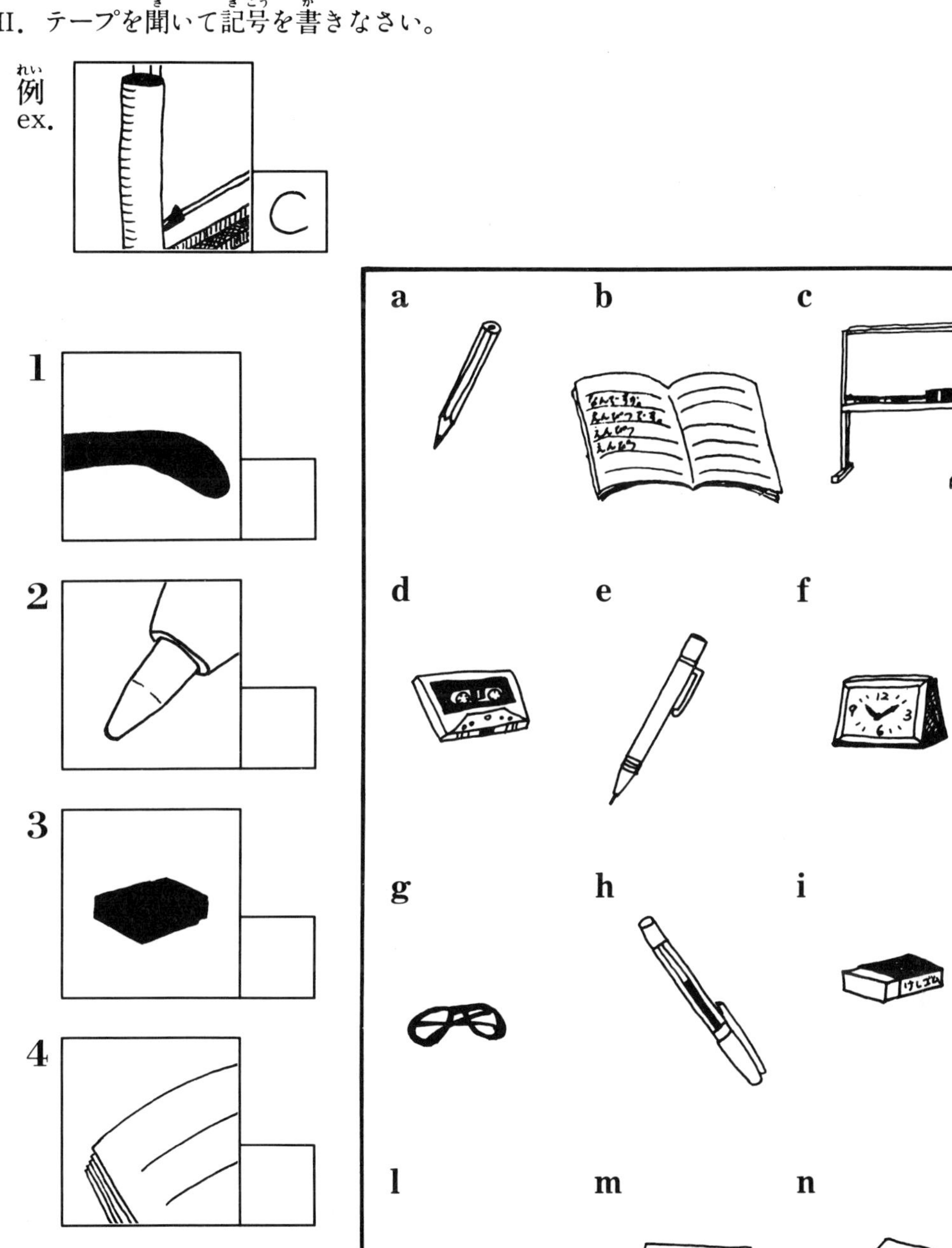

Ⅰ．テープを聞いて絵に番号を書きなさい。

例) いすです。

1．かばんです。
2．窓です。
3．テープレコーダーです。
4．ごみ箱です。
5．靴です。

6．机です。
7．カーテンです。
8．掲示板です。
9．傘です。
10．ロッカーです。

Ⅱ．テープを聞いて記号を書きなさい。

例) A：何ですか。
　　B：ホワイトボードです。

1．A：これは何ですか。
　　B：めがねですよ。

2．A：これはシャープペンシルですか。
　　B：いいえ。シャープペンシルじゃありません。ボールペンです。
　　A：あ、ボールペンですか。

3．A：何ですか。テープですか。あっ、消しゴムですね。
　　B：はい、消しゴムです。

4．A：これは教科書ですね。
　　B：いいえ、ノートですよ。教科書じゃありません。
　　A：ああ、ノート。

5．A：これは辞書ですか。教科書ですか。
　　B：それは辞書です。

Ⅰ. 테이프를 듣고 그림에 번호를 쓰시오.

보기 의자입니다.
1. 가방입니다.
2. 창문입니다.
3. 녹음기입니다.
4. 쓰레기통입니다.
5. 구두입니다.

6. 책상입니다.
7. 커튼입니다.
8. 게시판입니다.
9. 우산입니다.
10. 보관함(로커)입니다.

Ⅱ. 테이프를 듣고 기호를 쓰시오.

보기 A : 무엇입니까?
B : 화이트 보드입니다.

1. A : 이것은 무엇입니까?
   B : 안경입니다.

2. A : 이것은 샤프 펜슬입니까?
   B : 아니오. 샤프 펜슬이 아닙니다. 볼펜입니다.
   A : 아, 볼펜입니까?

3. A : 무엇입니까? 테이프입니까? 아, 지우개군요.
   B : 예, 지우개입니다.

4. A : 이것은 교과서군요.
   B : 아니오, 노트입니다. 교과서가 아닙니다.
   A : 아아, 노트.

5. A : 이것은 사전입니까? 교과서입니까?
   B : 그것은 사전입니다.

I．　1．かばん　　2．窓　　3．テープレコーダー　　4．ごみ箱　　5．靴

　　　6．机　　7．カーテン　　8．掲示板　　9．傘　　10．ロッカー

II．　1．g　　2．h　　3．i　　b．b　　5．n

良子さんの部屋は広いですか。

요시꼬 씨의 방은 넓습니까?

토픽·어휘 형용사로 나타내는 말(1)

학습 내용 ①여러 가지 형용사의 표현을 듣는다.
　　　　　　　(테이프 시간 : 3분 01초)
　　　　　　　②〈문법 · 문형〉 형용사의 현재형

연습 요령

- Ⅰ-1단계 : 테이프를 듣고 해당하는 그림에 ○표를 한다.
- Ⅰ-2단계 : 조건에 맞는 그림을 하나만 골라 ○표를 한다.
- Ⅱ　단계 : 표의 형용사 중, 해당하는 항목에 ○표를 한다.

I－1. 例のように書きなさい。

I－2. 例のように書きなさい。

II. 例のように書きなさい。

	例 良子 ex.	1. チン	2. 武	3. アルン
ひろい				
せまい	○			
きれい	○			
きたない				
あかるい				
くらい				
あたらしい	○			
ふるい				
家賃がたかい				
家賃がやすい				

Ⅰ－1．例のように書きなさい。

例）私の鉛筆はその長いのです。
1．うちの猫は大きくありません。小さいです。
2．リンさんのカバンは新しいです。
3．A：その本、高いですか。
　　B：いいえ、高くありません。
4．私の部屋は明るいです。
5．A：リンさんの部屋は広いですか。
　　B：いいえ、広くありません。狭いです。

Ⅰ－2．例のように書きなさい。

例）私の猫は小さいです。私の猫は白いです。私の猫はかわいいです。
1．私の傘は長いです。私の傘は古いです。私の傘は黒いです。
2．私の車は新しいです。私の車は白いです。私の車は大きいです。
3．私の机はきれいです。私の机は大きいです。私の机は長いです。

Ⅱ．例のように書きなさい。

例）A：良子さんの部屋は広いですか。
　　B：いいえ、広くありません。狭いです。
　　A：新しい部屋ですか。
　　B：はい、新しいです。だから、きれいですよ。

1．A：チンさんの部屋は明るいですか。
　　B：ええ。とても明るいですよ。でも、狭いです。
　　A：ああ、狭いんですか。
　　B：それに、東京は家賃が高いですね。
　　A：そうですね。

2．A：武さんの部屋はきれいですか。
　　B：いえいえ、僕の部屋はきたないですよ。それにとても狭いです。
　　A：明るいですか。
　　B：いいえ、明るくありません。でも家賃は安いですよ。
　　A：はあ、安いですか。

3．A：アルンさん、こんにちは。わあ、きれいな部屋ですね。
　　B：そうですか。
　　A：それに、広いですね。家賃は高いですか。
　　B：そうですねえ。ううん、高い…ですね。

Ⅰ-1. 보기와 같이 쓰시오.

보기 내 연필은 그 긴 것입니다.
1. 우리 고양이는 크지 않습니다. 작습니다.
2. 린 씨의 가방은 새 것입니다.
3. A : 그 책, 비쌉니까?
   B : 아니오, 비싸지 않습니다.
4. 내 방은 밝습니다.
5. A : 린 씨 방은 넓습니까?
   B : 아니오, 넓지 않습니다. 좁습니다.

Ⅰ-2. 보기와 같이 쓰시오.

보기 내 고양이는 작습니다. 내 고양이는 하얗습니다. 내 고양이는 귀엽습니다.
1. 내 우산은 깁니다. 내 우산은 낡았습니다. 내 우산은 검습니다.
2. 내 차는 새 것입니다. 내 차는 하얗습니다. 내 차는 큽니다.
3. 내 책상은 깨끗합니다. 내 책상은 큽니다. 내 책상은 깁니다.

Ⅱ. 보기와 같이 쓰시오.

보기 A : 요시꼬 씨의 방은 넓습니까?
         B : 아니오, 넓지 않습니다. 좁습니다.
         A : 새 방입니까?
         B : 예, 새 방입니다. 그래서 깨끗합니다.

1. A : 진 씨 방은 밝습니까?
   B : 예. 아주 밝습니다. 하지만 좁습니다.
   A : 아아, 좁습니까?
   B : 게다가, 도꾜는 집세가 비싸요.
   A : 그렇지요.

2. A : 다께시 씨 방은 깨끗합니까?
   B : 아니 아니오, 내 방은 더럽습니다. 게다가 매우 좁습니다.
   A : 밝습니까?
   B : 아니오, 밝지 않습니다. 하지만 집세는 쌉니다.
   A : 아…, 싸다고요?

3. A : 아룬 씨, 안녕하세요? 어머나, 깨끗한 방이군요.
   B : 그렇습니까?
   A : 게다가, 넓군요. 집세는 비쌉니까?
   B : 글쎄요. 으응, 비싸…지요.

Ⅰ1．1. □ ○　2. ○ □　3. □ ○　4. ○ □　5. □ ○

Ⅰ2．1. □ ○ □ □　2. □ □ ○ □　3. □ □ □ ○

Ⅱ． 1．狭い、明るい、家賃が高い　　2．狭い、汚い、暗い、家賃が安い
　　 3．広い、きれい、家賃が高い

제 5 과

どこにありますか。

어디 있습니까?

토픽·어휘　존재·위치를 나타내는 말

학습 내용　①사람이나 물건의 존재 장소를 나타내는 표현을 듣는다.
　　　　　　　（테이프 시간 : 3분 35초）
　　　　　　　②〈문법·문형〉 あります·います

연습 요령

- Ⅰ　단계 : 테이프를 듣고 해당하는 그림에 번호를 적는다.
- Ⅱ-1단계 : 테이프를 듣고 해당하는 난에 이름의 기호를 적는다.
- Ⅱ-2단계 : 대화 내용을 듣고 해당하는 그림의 번호를 적는다.

I. テープを聞いて番号を書きなさい。

( )　　　　( )　　　　( )

( )　　　　（ 例 ）
ex.　　　　( )

( )　　　　( )　　　　( )

II－1．テープを聞いて名前の記号を書きなさい。

りんごアパート

201 ( )
202 よしだ 吉田
203 ( )
204 ( )

101 ( )
102 れい 例 ex. e ( )
103 ( )
104 さとう 佐藤

a. たなか 田中
b. リン
c. おの 小野
d. チン
e. わたし 私
f. きむら 木村

II－2．テープを聞いて絵に番号を書きなさい。

ex. 例

れい 例 ex.
1
2
3
4
5
6

Ⅰ．テープを聞いて番号を書きなさい。

例）机の中に猫がいます。
1．かばんの横にごみ箱があります。
2．車の前に子供がいます。
3．机の下に靴があります。
4．電話の右に男の人がいます。
5．車の後ろに子供がいます。
6．病院の隣に郵便局があります。
7．いすの上に猫がいます。

Ⅱ—1．テープを聞いて名前の記号を書きなさい。

例）吉田さんの部屋の下に私の部屋があります。では始めます。

佐藤さんの部屋の隣にリンさんの部屋があります。
チンさんは吉田さんの部屋の隣です。
小野さんの部屋はチンさんの隣にあります。
吉田さんは田中さんの隣です。
田中さんの下は木村さんです。

Ⅱ—2．テープを聞いて絵に番号を書きなさい。

例）A：今日、テレビで映画があるんですよ。
　　B：まあ、どんな映画ですか。
　　A：ええと、何だったかなあ。新聞はどこに…。
　　B：あ、あの机の上にあります。

1．B：新聞の字が小さいなあ。めがねはどこかしら。
　　A：あそこにありますよ。ほら、テレビの上です。
　　B：ああ、ありがとう。

2．A：（くしゃみ）ちょっと失礼。
　　B：大丈夫ですか。
　　A：ええ、大丈夫です。あの…ごみ箱はどこにありますか。
　　B：テレビの横に…あれ、ありませんね。あ、窓の下です。
　　A：ああ。

3．A：たしか、猫がいますよね。
　　B：ええ。
　　A：今日はいませんね。
　　B：いいえ、いますよ。あなたの後ろに。

4．A：今何時でしょうか。あのう、時計はどこですか。

Ⅰ. 테이프를 듣고 번호를 쓰시오.

보기 책상 안에 고양이가 있습니다.   4. 전화기 오른쪽에 남자가 있습니다.
1. 가방 옆에 쓰레기통이 있습니다.   5. 차 뒤에 어린이가 있습니다.
2. 차 앞에 어린이가 있습니다.   6. 병원 옆에 우체국이 있습니다.
3. 책상 아래에 구두가 있습니다.   7. 의자 위에 고양이가 있습니다.

Ⅱ-1. 테이프를 듣고 이름의 기호를 쓰시오.

보기 요시다 씨 방 아래에 내 방이 있습니다. 그러면 시작하겠습니다.

　　　사또 씨 방 옆에 린 씨 방이 있습니다.
　　　진 씨는 요시다 씨 방 옆에 있습니다.
　　　오노 씨 방은 진 씨 옆에 있습니다.
　　　요시다 씨는 다나까 씨 옆 방입니다.
　　　다나까 씨 아래는 기무라 씨 방입니다.

Ⅱ-2. 테이프를 듣고 그림에 번호를 쓰시오.

보기 A : 오늘, 텔레비전에서 영화를 해요.
　　　B : 어머나, 어떤 영화입니까?
　　　A : 저…, 뭐라고 하더라. 신문은 어디….
　　　B : 아, 저 책상 위에 있습니다.

1. A : 신문의 글자가 작은데…. 안경은 어디 있지?
　 B : 저기 있어요. 보세요, 텔레비전 위에 있어요.
　 A : 아, 고마워.

2. A : (재채기) 실례했습니다.
　 B : 괜찮습니까?
　 A : 예, 괜찮습니다. 저, 쓰레기통은 어디 있습니까?
　 B : 텔레비전 옆에…어머, 없군요. 아, 창문 아래에 있습니다.
　 A : 아아.

3. A : 분명히 고양이가 있지요.
　 B : 예.
　 A : 오늘은 없군요.
　 B : 아니오, 있습니다. 당신 뒤에.

4. A : 지금 몇 시일까요? 저…, 시계는 어디 있습니까?

　　　Ｂ：テレビの下ですけど。
　　　Ａ：テレビの下…。ああ、もう５時。

５．Ａ：すみません。電話を…。
　　　Ｂ：あ、どうぞ。冷蔵庫の上にあります。
　　　Ａ：すみません。

６．Ａ：コーヒー、ごちそうさまでした。
　　　Ｂ：いいえ。どういたしまして。
　　　Ａ：今日はこれで失礼します。あれ、私のかばんは…。
　　　Ｂ：テーブルの下ですよ。
　　　Ａ：あ、そうでした。じゃあ、失礼します。

B : 텔레비전 밑에요.
A : 텔레비전 아래. 아, 벌써 5시.

5. A : 실례합니다. 전화를….
   B : 아, 쓰십시오. 냉장고 위에 있습니다.
   A : 감사합니다.

6. A : 커피, 잘 들었습니다.
   B : 아니오. 천만의 말씀입니다.
   A : 오늘은 이것으로 실례하겠습니다. 어어, 내 가방은….
   B : 테이블 아래에 있어요.
   A : 아, 그렇군요. 그럼, 실례하겠습니다.

I.

	4	2
6	例	7
3	5	1

II1.

a	吉	d	c
f	e	b	佐

II2．　1．テレビの上　　2．窓の下　　3．いすの後ろ　　4．テレビの下
　　　5．冷蔵庫の上　　6．テーブルの下

제 6 과

お仕事は何ですか。

직업은 무엇입니까?

토픽·어휘	동사로 나타내는 말(1)
학습 내용	①동사로 나타내는 표현을 듣는다(인터뷰를 듣고 그 사람의 직업을 판단한다). (테이프 시간 : 5분 52초) ②〈문법·문형〉 동사의 현재형

연습 요령

- Ⅰ 단계 : 테이프를 듣고 기호를 아래에 적는다.
- Ⅱ 단계 : 테이프를 듣고 어떤 직업을 가진 사람인가를 판단한다. 해당하는 그림의 기호를 위의 표에 적는다.

Ⅰ. テープを聞いて、記号を下に書きなさい。

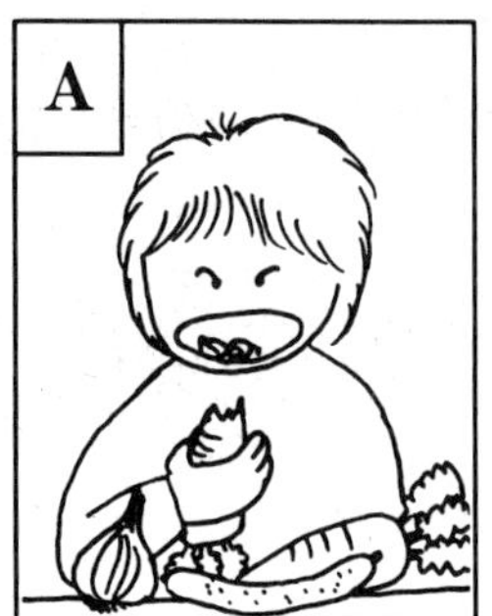

例	1	2	3	4	5	6	7	8
B								

II. テープを聞いて、記号を書きなさい。

例	1	2	3	4	5
C					

Ⅰ．テープを聞いて、記号を下に書きなさい。

例）朝5時に起きます。

1．野菜を食べます。

2．金曜日の夜にお酒を飲みます。

3．私はたばこが嫌いです。
　　たばこは吸いません。

4．テニスをします。

5．私の部屋でロックを聞きます。

6．魚を食べます。
　　肉は好きじゃありません。

7．うちで新聞を読みます。

8．毎日、国の家族に手紙を書きます。

Ⅱ．テープを聞いて、記号を書きなさい。

例）A：おはようございます。いつも、何時ごろ仕事に行きますか。
　　B：そうですね。8時40分ごろ学校へ行きます。授業が9時からですから。
　　A：授業は大変ですか。
　　B：いいえ、学生がうちでよく勉強してきますから、大変じゃありません。
　　A：うちで仕事をしますか。
　　B：もちろんです。うちへ帰ってごはんを食べてから仕事をします。だいたい2時間
　　　　ぐらいですね。学生の作文を読みます。それから、明日の授業の準備ですね。
　　A：じゃあ、毎日、うちでも仕事をしているんですね。
　　B：ええ。もう、大変ですよ。

1．A：こんばんは。
　　B：こんばんは。
　　A：今、お帰り？
　　B：ええ、そうなんです。
　　A：お仕事は大変ですか。
　　B：ええ、毎日、7時か8時まで仕事をしますから。
　　A：朝は？
　　B：いつも6時に起きます。うちから会社まで2時間もかかるんです。
　　A：まあ、2時間も。
　　B：ええ。電車の中では、新聞を読みます。
　　A：そうですか。毎日大変ですね。

2．A：こんにちは。さっそくインタビューさせていただきますが、いつも何時に起きま
　　　　すか。
　　B：そうですね。朝は練習がありますから、5時ごろには起きますね。
　　A：早いですね。朝ごはんは食べませんか。
　　B：練習の後食べます。
　　A：そうですか。たくさん食べますか。
　　B：もちろんですよ。練習の後のごはんはおいしいですよ。

Ⅰ. 테이프를 듣고, 기호를 아래에 쓰시오.

보기 아침 5시에 일어납니다.
1. 야채를 먹습니다.
2. 금요일 밤에 술을 마십니다.
3. 나는 담배를 싫어합니다.
   담배는 피우지 않습니다.
4. 테니스를 합니다.
5. 내 방에서 로큰롤을 듣습니다.
6. 생선을 먹습니다.
   고기는 좋아하지 않습니다.
7. 집에서 신문을 읽습니다.
8. 매일 고국의 가족에게 편지를 씁니다.

Ⅱ. 테이프를 듣고, 기호를 쓰시오.

보기 A : 안녕하세요. 항상 몇 시쯤 일하러 갑니까?
　　　B : 글쎄요. 8시 40분쯤에 학교에 갑니다. 수업이 9시부터니까요.
　　　A : 수업은 힘듭니까?
　　　B : 아니오, 학생이 집에서 공부를 잘 해 오니까, 힘들지 않습니다.
　　　A : 집에서 일을 합니까?
　　　B : 물론입니다. 귀가해서 밥을 먹고 난 후에 일을 합니다. 대체로 2시간 정도지
　　　　　요. 학생이 쓴 작문을 읽습니다. 그리고 나서 다음 날 수업 준비를 하지요.
　　　A : 그럼, 매일 집에서도 일을 하는군요.
　　　B : 예, 참 힘들어요.

1. A : 안녕하세요.
　 B : 안녕하세요.
　 A : 지금, 돌아오세요?
　 B : 예, 그렇습니다.
　 A : 하시는 일은 힘듭니까?
　 B : 예, 매일 7시나 8시까지 일을 하니까요.
　 A : 아침에는?
　 B : 언제나 6시에 일어납니다. 집에서 회사까지 2시간이나 걸립니다.
　 A : 어머나, 2시간이나요?
　 B : 예. 전철 안에서는 신문을 봅니다.
　 A : 그렇습니까? 매일 힘드시겠어요.

2. A : 안녕하세요. 바로 인터뷰에 들어가도록 하겠습니다.
　　　 평소 몇 시에 일어납니까?
　 B : 글쎄요. 아침에는 연습이 있으니까, 5시경에는 일어나지요.
　 A : 이르군요. 아침밥은 먹지 않습니까?
　 B : 연습 후에 먹습니다.
　 A : 그렇습니까? 많이 먹습니까?
　 B : 물론입니다. 연습 후의 식사는 맛이 있지요.

A：どのくらい食べますか。

B：そうですね。ごはんは丼で5、6杯ぐらい、それに肉、野菜、魚などを食べます。

A：たくさん食べますね。ごはんの後は何をしますか。

B：寝ます。2、3時間ゆっくり寝ます。

A：それから、昼ごはんを食べますか。

B：いいえ、昼ごはんは食べません。

A：じゃあ、1日に何回食べるんですか。

B：朝ごはんと晩ごはんの2回です。でも、たくさん食べますよ。

A：だから、体も大きいんですね。今日はどうもありがとうございました。これから
　　も頑張ってください。

B：はい、頑張ります。

3．A：あっ、こんにちは。

　　B：こんにちは。

　　A：わあ、きれいですね。

　　B：いいえ、そんなことありません。

　　A：その服はあなたのですか。

　　B：いいえ、これは仕事の服です。私のじゃありません。私の服はうちにあります。

　　A：きれいな服がたくさんありますか。

　　B：ええ、そうですね…くつも服もたくさんありますね。

　　A：そうでしょうね。いいなあ…いつもどんなものを食べますか。

　　B：だいたい野菜サラダを食べます。肉やケーキは食べません。

　　A：お酒は。

　　B：全然飲みません。たばこも吸いません。

　　A：夜は、何時ごろ寝ますか。

　　B：そうですね…だいたい7時か8時ごろです。毎日たくさん寝ますよ。

　　A：ああ、だからいつもきれいなんですね。

4．A：田中さん、おはようございます。

　　B：あ、おはようございます。

　　A：田中さんは日曜日も仕事をしますね。

　　B：ええ、日曜日も雨の日も仕事をします。休みはありません。
　　　　朝、早いんですよ。

　　A：大変ですね。朝は何時に起きますか。

　　B：4時ごろ起きます。大変です。かばんもとても重いんです。

　　A：ああ、そうですね。新聞がたくさんありますね。

　　B：ええ、朝5時ごろ、毎日いろいろな人のうちへ行きます。

　　A：たくさんの人が新聞を読みますからね。

　　B：ええ。でも、私は元気です。毎日走ります。

　　A：がんばってください。

A : 얼마만큼 먹습니까?
B : 글쎄요. 밥은 사발로 대여섯 그릇 정도, 그리고 고기, 야채, 생선 등을 먹습니다.
A : 많이 먹는군요. 식사 후에는 무엇을 하시나요?
B : 잡니다. 두세 시간 푹 잡니다.
A : 그리고서 점심을 먹습니까?
B : 아니오, 점심은 먹지 않습니다.
A : 그럼, 하루에 몇 번 먹습니까?
B : 아침과 저녁 두 번입니다. 하지만, 많이 먹지요.
A : 그러니까 체격도 크군요. 오늘은 대단히 감사합니다.
  앞으로도 분발해 주십시오.
B : 예, 노력하겠습니다.

3. A : 아, 안녕하세요.
   B : 안녕하세요.
   A : 어머나, 예쁘시네요.
   B : 아니오, 뭘요.
   A : 그 옷은 당신 것입니까?
   B : 아니오, 이건 일 때문에 입은 옷입니다. 내 것이 아닙니다. 내 옷은 집에 있습니다.
   A : 예쁜 옷이 많이 있습니까?
   B : 예, 뭐…구두도 옷도 많이 있습니다.
   A : 그렇겠군요. 좋겠어요…평소에 어떤 것을 먹습니까?
   B : 대체로 야채 샐러드를 먹습니다. 고기나 케이크는 먹지 않습니다.
   A : 술은?
   B : 전혀 마시지 않습니다. 담배도 피우지 않습니다.
   A : 밤에는, 몇 시쯤 잡니까?
   B : 글쎄요…대개 7시나 8시쯤입니다. 매일 실컷 잡니다.
   A : 아아, 그러니까 언제나 예쁘시군요.

4. A : 다나까 씨, 안녕하세요.
   B : 아, 안녕하세요.
   A : 다나까 씨는 일요일도 일을 하는군요.
   B : 예, 일요일도 비 오는 날도 일을 합니다. 휴일은 없습니다. 아침에는 일찍 일어
     납니다.
   A : 힘드시겠군요. 아침에는 몇 시에 일어납니까?
   B : 4시쯤에 일어납니다. 힘듭니다. 가방도 매우 무겁습니다.
   A : 아아, 그렇겠군요. 신문이 많이 있군요.
   B : 예, 아침 5시쯤, 매일 여러 사람의 집에 갑니다.
   A : 많은 사람이 신문을 읽으니까요.
   B : 예, 하지만, 나는 건강합니다. 매일 달립니다.
   A : 힘내세요.

5．A：山本さんはいつ仕事をしますか。
　　B：夜ですね。
　　A：夜ですか。どこで仕事をしていますか。
　　B：新宿の銀行です。
　　A：うるさいですか。
　　B：いいえ、仕事は夜ですから静かですよ。
　　A：夜の何時ごろからですか。
　　B：そうですね。11時ごろから、朝の6時ごろまでです。
　　A：どんな仕事をしますか。
　　B：いろいろな部屋を見ますね。12時と3時の2回見ます。あとは、テレビを見ます
　　　　ね。それから新聞を読みます。
　　A：誰かいますか。
　　B：いいえ、いません。普通は全然、人は来ませんよ。私はいつも1人です。
　　　　それから、眠い時は音楽を聞きますね。
　　A：夜は寝ませんか。
　　B：ええ、これが仕事ですから。私は夜は寝ません。
　　A：ええ、山本さんの仕事はどんな仕事ですか。

5. A : 야마모또 씨는 언제 일을 합니까 ?

    B : 밤입니다.

    A : 밤입니까 ? 어디서 일을 하고 있습니까 ?

    B : 신주꾸에 있는 은행입니다.

    A : 시끄럽습니까 ?

    B : 아니오, 밤에 근무하니까 조용합니다.

    A : 밤 몇 시쯤부터입니까 ?

    B : 글쎄요. 11시쯤부터 아침 6시쯤까지입니다.

    A : 어떤 일을 합니까 ?

    B : 여러 방을 살핍니다. 12시와 3시 두 번 살핍니다. 그 다음에는 텔레비전을 봅니다.
       그리고 신문을 읽습니다.

    A : 누군가 있습니까 ?

    B : 아니오, 없습니다. 보통 때는 전혀 사람은 오지 않습니다. 나는 언제나 혼자 있
       습니다. 그리고, 졸릴 때는 음악을 듣습니다.

    A : 밤에는 자지 않습니까 ?

    B : 예, 이것이 직업이니까요. 나는 밤에는 자지 않습니다.

    A : 예 ? 야마모또 씨의 직업은 어떤 일입니까 ?

I. 1. A   2. H   3. L   4. C   5. K
    6. D   7. E   8. I

II. 1. A   2. E   3. G   4. B   5. D

제 7 과

お酒を飲みました。

술을 마셨습니다.

토픽·어휘	동사로 나타내는 말(2)
학습 내용	①동사의 과거 표현을 듣는다(지난 일에 대해 이야기하는 대화 내용을 듣고, 분실물의 소재를 판단한다). (테이프 시간 : 3분 31초) ②〈문법·문형〉 동사의 과거형
연습 요령	

- Ⅰ 단계 : 동사의 과거 표현을 듣고 해당하는 그림의 기호를 그림 위의 괄호 안에 적는다.
- Ⅱ 단계 : 잃어버린 시계의 소재를 생각하면서, 테이프를 듣고 행동 순서대로 번호를 적는다.

I. テープを聞いて絵の記号を書きなさい。

例（ Ｄ ）　1（　）　　2（　）　　3（　）　　4（　）
　　　　　　5（　）　　6（　）　　7（　）　　8（　）

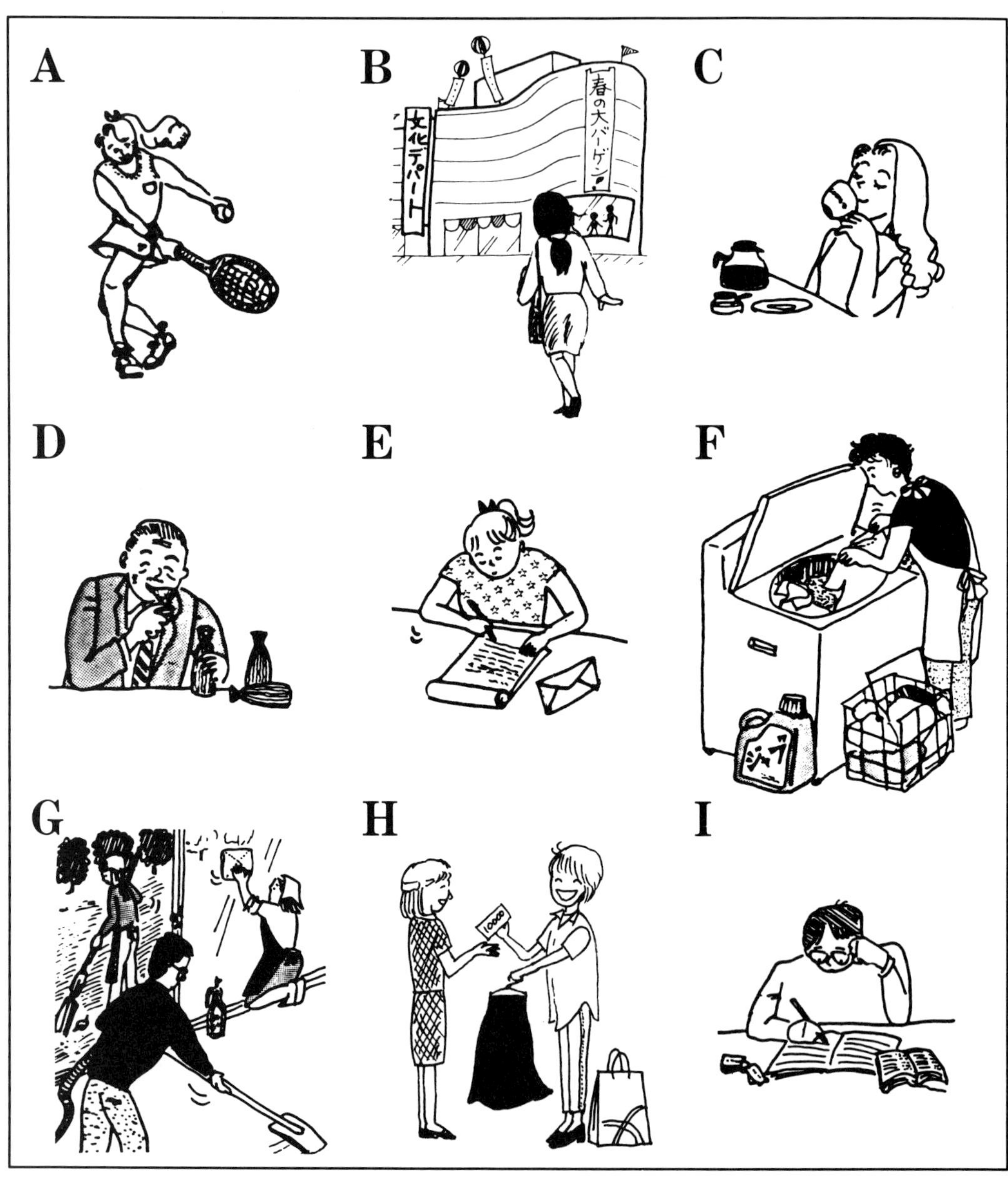

II. テープを聞いて、聞いた順番に番号を書きなさい。また、時計はどこですか。

（　　）

例（ 1 ）

（　　）

（　　）

（　　）

（　　）

（　　）

（　　）

（　　）

はどこですか。＿＿＿＿＿＿＿＿＿

Ⅰ．テープを聞いて絵の記号を書きなさい。

例）ゆうべ、お酒を飲みました。

1．きのう、テニスをしました。

5．きょうの朝、6時に洗濯をしました。

2．きのうの夜、勉強をしました。

6．日曜日にデパートへ行きました。

3．今朝、コーヒーを飲みました。

7．黒くて長いスカートを買いました。

4．おととい、手紙を書きました。

8．おとといの夕方、掃除をしました。

Ⅱ．テープを聞いて、聞いた順番に番号を書きなさい。また、時計はどこですか。

A：京子さん、きのうはちゃんと帰りましたか。
B：ええ。まあ。でも、覚えていないんです。
A：え、覚えていないんですか。忘れましたか。
B：ええ。それに、時計を落としました。
A：まあ、時計ですか。
B：私はきのう、どこへ行きましたか。

例）
A：初めは新宿駅のそばのお店へ行きました。
B：新宿駅のそば…。ああ、地下1階の店ですね。
A：そうです。そこで日本酒を飲みました。
B：ええ、そうです。そうです。そのとき、時計はありました。それから？

A：それから、渋谷へ行きましたね。渋谷の小さい店です。
B：ああ、ロック音楽の店ですね。うるさくて少し高い…。
A：ええ、それから、静かなクラシック音楽の店へ行きました。
B：何か食べましたか。
A：はい、サラダを食べました。
B：何か飲みましたか。
A：いいえ、何も飲みませんでした。ええと、それから…あ、そうだ、ラーメンを食べました。
B：え？ラーメン？そのお店で食べましたか。
A：いいえ、渋谷駅のそばのラーメン屋で食べました。そこでビールを飲みました。
B：時計は…。
A：ありましたよ。京子さんは時計を見ました。そして、「え、もう10時。」と言いました。それから、帰りました。
B：それじゃあ、時計はどこに…。
A：ううん、電車の中じゃありませんか。
B：電車？ううん、電車の中で寝ましたから…わかりません。
A：京子さんは、それから、どこかへ行きましたか。

Ⅰ. 테이프를 듣고 그림의 기호를 쓰시오.

보기   어제 저녁, 술을 마셨습니다.
1. 어제, 테니스를 했습니다.   5. 오늘 아침, 6시에 세탁을 했습니다.
2. 어젯밤, 공부를 했습니다.   6. 일요일에 백화점에 갔습니다.
3. 오늘 아침, 커피를 마셨습니다.   7. 검고 긴 스커트를 샀습니다.
4. 그저께, 편지를 썼습니다.   8. 그저께 저녁때, 청소를 했습니다.

Ⅱ. 테이프를 듣고, 들은 순서대로 번호를 쓰시오. 또 시계는 어디 있습니까?

A : 교꼬 씨, 어제 무사히 귀가했어요?
B : 저어, 뭐. 하지만, 기억이 없어요.
A : 예? 기억이 없어요? 잊었어요?
B : 예. 게다가 시계를 잃어버렸어요.
A : 어머나. 시계 말이에요?
B : 나는 어제, 어디 갔었지요?

보기
A : 처음은 신주꾸 역 근처에 있는 가게에 갔었어요.
B : 신주꾸 역 근처…. 아아, 지하 1층에 있는 가게지요?
A : 그래요. 거기서 일본술을 마셨어요.
B : 네, 그래요. 맞아. 그때 시계는 있었어요. 그 다음엔?

A : 그 다음에는, 시부야에 갔었지요. 시부야에 있는 작은 가게요.
B : 아, 로큰롤 연주하는 가게 말이군요. 시끄럽고 조금 비싼….
A : 예, 그 다음에, 조용한 클래식 음악을 연주하는 가게에 갔었어요.
B : 뭔가 먹었나요?
A : 예, 샐러드를 먹었어요.
B : 뭔가 마셨나요?
A : 아니오, 아무 것도 마시지 않았어요.
    저…, 그리고…아, 그렇다, 라면을 먹었어요.
B : 예? 라면? 그 가게에서 먹었나요?
A : 아니오, 시부야 역 근처에 있는 라면 가게에서 먹었어요. 거기서 맥주를 마셨지요.
B : 시계는….
A : 있었어요. 교꼬 씨는 시계를 보았어요. 그리고, 「어머, 벌써 10시.」라고 말했어요.
    그리고 나서 집에 갔어요.
B : 그러면, 시계는 어디에….
A : 으응, 전철 안이 아닐까요?
B : 전철? 으응, 전철 안에서 잤으니…모르겠군요.
A : 교꼬 씨는 그 다음에 어딘가 갔었나요?

Ｂ：いいえ、うちへ帰りました。それから…あ、洗面所へ行きました。
Ａ：ああ、じゃあ、時計は…。
Ｂ：あ、そうか、洗面所にありますね。
Ａ：そうですよ。きっとあります。
Ｂ：もう１度さがします。どうもありがとう。

B : 아니오, 집에 갔어요. 그리고…아, 욕실에 갔었어요.
A : 아아, 그럼, 시계는….
B : 아, 그런가, 욕실에 있겠군요.
A : 그래요. 틀림없이 있을 거예요.
B : 다시 한번 찾아 보겠어요. 고마워요.

I.　1．A　2．I　3．C　4．E　5．F
　　6．B　7．H　8．G

II.

	例1	7
6	5	3
2	4	

時計は<u>洗面所</u>（絵は7番目）

제 8 과

どうでしたか。

어떠했습니까?

<table>
<tr><td>토픽·어휘</td><td>형용사로 나타내는 말(2)</td></tr>
<tr><td>학습 내용</td><td>①형용사의 과거 표현을 듣는다(여러 형용사를 듣고 메모한다).
　(테이프 시간 : 4분 26초)
②형용사의 과거형</td></tr>
</table>

연습 요령

- Ⅰ　단계 : 테이프를 듣고 사용한 형용사에 ○표를 기입한다(○표는 하나만이 아니다).
- Ⅱ-1단계 : 그림을 보면서 예상할 수 있는 형용사를 그림 오른쪽에 기입한다.
- Ⅱ-2단계 : 테이프를 듣고 사용한 형용사를 그 오른쪽에 기입한다.

I. テープを聞いて、使った形容詞に○をつけなさい。

<table>
<tr><td>

例

(　) 楽^{たの}しい
(　) うるさい
(○) 暑^{あつ}い
(　) にぎやか
(　) 上手^{じょうず}
(　) 嫌^{きら}い

</td><td>

1

(　) 楽しい
(　) うるさい
(　) 暑い
(　) にぎやか
(　) 上手
(　) 嫌い

</td><td>

2

(　) 楽しい
(　) うるさい
(　) 暑い
(　) にぎやか
(　) 上手
(　) 嫌い

</td><td>

3

(　) 楽しい
(　) うるさい
(　) 暑い
(　) にぎやか
(　) 上手
(　) 嫌い

</td></tr>
<tr><td>

4

(　) 広^{ひろ}い
(　) 明^{あか}るい
(　) 狭^{せま}い
(　) 静^{しず}か
(　) 親切^{しんせつ}
(　) ロマンチック

</td><td>

5

(　) 広い
(　) 明るい
(　) 狭い
(　) 静か
(　) 親切
(　) ロマンチック

</td><td>

6

(　) 広い
(　) 明るい
(　) 狭い
(　) 静か
(　) 親切
(　) ロマンチック

</td><td>

7

(　) 広い
(　) 明るい
(　) 狭い
(　) 静か
(　) 親切
(　) ロマンチック

</td></tr>
</table>

II—1. これから会話を聞きます。絵を見て、どんな形容詞が会話に使われるか、予想をして、左の □□□□ に書きなさい。

例	きれい　広い 青い 暑い おいしい	暑い 青い きれい いい（天気）
1		
2		
3		

II—2. テープの会話を聞いてください。どんな形容詞を使いましたか。使った形容詞を右の □□□□ に書きなさい。

Ⅰ．テープを聞いて、使った形容詞に○をつけなさい。

例）きのうはとても暑かったです。

１．先週、海へ行きました。とても楽しかったです。

２．きのう、マリーさんとカラオケへ行きました。マリーさんは歌がとても上手でした。

３．私はうるさいロックは嫌いです。

４．東京のマンションはとても狭いです。

５．武さんはとても親切な人です。

６．夜、静かな海へ行きました。とてもロマンチックでした。

７．ゆうべ、カラオケのお店へ行きました。とても広くて明るいお店でした。

Ⅱ—１．これから会話を聞きます。絵を見て、どんな形容詞が会話に使われるか、予想を
　　　　して、左のしかくに書きなさい。

Ⅱ—２．テープの会話を聞いてください。どんな形容詞を使いましたか。使った形容詞を
　　　　右のしかくに書きなさい。

例）Ａ：ハワイの旅行はどうでしたか。
　　Ｂ：暑かったです。（Ａ：暑い…）でも、海が青くてきれいでしたよ。
　　Ａ：青い海ね…。
　　Ｂ：ええ。毎日、いい天気で、たくさん泳ぎました。
　　Ａ：よかったですね。

１．Ａ：（ハミング）
　　Ｂ：どうしたんですか。
　　Ａ：きのう、ロックのコンサートに行きました。
　　Ｂ：わあ、どこで。
　　Ａ：東京ドーム。広かったですよ。楽しかった…。
　　Ｂ：どんな歌を歌いましたか。
　　Ａ：たくさん歌いましたが、新しい歌もありましたよ。
　　Ｂ：新しい歌。
　　Ａ：「アモーレ」という歌で、静かで少し長い歌です。（ハミング）

２．Ａ：ねえねえ、聞いてください。
　　Ｂ：どうしたんですか。
　　Ａ：きのう新宿駅のそばで部屋を捜したんですが…。
　　Ｂ：どこかいい部屋がありましたか。
　　Ａ：駅から歩いて、５分のマンションがあったんですが…。
　　Ｂ：５分、近いですね。
　　Ａ：でもね、狭かったですよ。それに１階はカラオケバーで、夜はうるさいです。

Ⅰ. 테이프를 듣고, 사용한 형용사에 ○를 표기하시오.

보기 어제는 매우 더웠습니다.
1. 지난 주, 바다에 갔었습니다. 아주 즐거웠습니다.
2. 어제, 마리 씨하고 가라오께에 갔습니다. 마리 씨는 노래를 매우 잘 했습니다.
3. 나는 시끄러운 록 음악은 싫습니다.
4. 도꾜의 맨션은 매우 좁습니다.
5. 다께시 씨는 매우 친절한 사람입니다.
6. 밤에, 조용한 바다에 갔습니다. 매우 로맨틱했습니다.
7. 어제 저녁, 가라오께에 갔습니다. 매우 넓고 밝은 가게였습니다.

Ⅱ-1. 이제부터 회화를 듣겠습니다. 그림을 보고, 어떤 형용사가 회화에 쓰이는가를 예상
　　 하고, 그것을 왼쪽의 네모 안에 쓰시오.

Ⅱ-2. 테이프의 회화를 들으십시오. 어떤 형용사를 사용하였습니까? 사용한 형용사를 오
　　 른쪽의 네모 안에 쓰시오.

보기 A : 하와이 여행은 어땠습니까?
　　 B : 더웠습니다. (A : 더워요….) 하지만, 바다가 푸르고 아름다웠어요.
　　 A : 푸른 바다라….
　　 B : 네. 매일, 날씨가 좋아서, 실컷 헤엄쳤습니다.
　　 A : 좋았겠군요.

1. A : (콧노래)
　 B : 무슨 일 있었어요?
　 A : 어제, 로큰롤 콘서트에 갔었습니다.
　 B : 어머나, 어디서?
　 A : 도꾜돔. 넓더군요. 즐거웠어요….
　 B : 어떤 노래를 불렀어요?
　 A : 많이 불렀었는데, 신곡도 있었습니다.
　 A : 신곡?
　 B : 「아모레」라는 노래인데, 조용하고 조금 긴 노래입니다. (콧노래)

2. A : 저…저…, 들어 보세요.
　 B : 무슨 일이에요?
　 A : 어제 신주꾸 역 근처에서 방을 알아보았는데요….
　 B : 어딘가 좋은 방이 있었습니까?
　 A : 역에서 걸어서 5분 거리에 있는 맨션인데요….
　 B : 5분, 가깝군요.
　 A : 하지만, 좁았어요. 게다가 1층은 가라오께 바라서 밤에는 시끄러워요.

　　B：狭くて、うるさい…それで、家賃はいくらでしたか。
　　A：12万円ですよ。
　　B：高い。
　　A：本当に高いですよ。どこかに安い部屋はありませんか。
　　B：さあ…。

3．A：あのう、鈴木さん。
　　B：はい、何ですか。
　　A：夏休みに日本のどこかへ旅行したいんですが、どこがいいですか。
　　B：どんな所がいいですか。
　　A：涼しくて料理がおいしいところがいいですね。
　　B：涼しい…、北海道は。
　　A：北海道。
　　B：私、去年の8月に行ったんですよ。涼しかったですよ。ラーメン、ビール、アイ
　　　　スクリーム、みんなおいしかったですよ。
　　A：いろいろありますね。
　　B：ええ、それに海の魚はとても新鮮でしたね。
　　A：安かったですか。
　　B：東京ではおさしみは高いですが、北海道は安くて新鮮でおいしいんです。
　　A：いいですね。
　　B：ホテルはプリンセスホテルがよかったですよ。
　　A：どんはホテルでしたか。
　　B：ええと、小さいホテルでしたが、海に近かったですね。ホテルは白くて丸いビル
　　　　でした。
　　A：白くて丸いビル…どんな部屋でしたか。
　　B：ええと、部屋は広くて明るかったです。大きい窓のそばに大きいベッドがあって
　　　　…夜、窓から外を見ました。静かな夜の町がとてもきれいでしたよ。
　　A：へえ、ロマンチックですね。
　　B：にぎやかな東京の町もいいですが、北海道の夜は静かでとてもきれいでした。
　　A：おいしい食べ物、静かでロマンチックな夜、私、必ず北海道へ行きます。
　　B：誰と行きますか。
　　A：ひ・み・つ。

B : 좁고, 시끄럽고…그래, 집세는 얼마였습니까?
A : 12만 엔이요.
B : 비싸다.
A : 정말로 비싸지요. 어딘가 싼 방은 없겠습니까?
B : 글쎄요….

3. A : 저, 스즈끼 씨.
   B : 예, 왜요?
   A : 여름 휴가 때, 일본 어딘가 여행하고 싶은데, 어디가 좋을까요?
   B : 어떤 곳이 좋겠습니까?
   A : 시원하고 요리가 맛이 있는 곳이 좋아요.
   B : 시원한 곳이라…, 혹까이도는.
   A : 혹까이도.
   B : 나, 작년 8월에 갔었어요. 시원했어요. 라면, 맥주, 아이스크림, 모두 맛이 있었고
       요.
   A : 여러 가지가 있군요.
   B : 예. 게다가 생선이 매우 싱싱했습니다.
   A : 싸던가요?
   B : 도꾜에서는 생선회가 비싸지만, 혹까이도는 싸고 싱싱하고 맛이 좋아요.
   A : 괜찮은데요.
   B : 호텔은 프린세스 호텔이 좋았습니다.
   A : 어떤 호텔이었습니까?
   B : 저…, 작은 호텔이었지만, 바다에 가까웠습니다. 호텔은 희고 둥근 빌딩이었습니
       다.
   A : 희고 둥근 빌딩…어떤 방이었습니까?
   B : 저, 방은 넓고 밝았습니다. 큰 창문 옆에 큰 침대가 있어서… 밤에, 창문으로 밖을
       보았습니다. 조용한 밤거리가 매우 아름다웠습니다.
   A : 어머, 로맨틱하군요.
   B : 번화한 도꾜의 거리도 좋지만, 혹까이도의 밤은 조용해서 매우 아름다웠습니다.
   A : 맛있는 음식, 조용하고 로맨틱한 밤, 난, 꼭 혹까이도에 가겠습니다.
   B : 누구하고 갑니까?
   A : 비…밀.

I． 1．楽しい　　2．上手　　3．うるさい、嫌い　　4．狭い　　5．親切
　　6．静か、ロマンチック　　7．広い、明るい

II 2． 1．広い、楽しい、新しい、静か、長い　　2．いい(部屋)、近い、狭い、う
　　るさい、高い、安い　　3．(どこが) いい、涼しい、おいしい、新鮮、高
　　い、安い、小さい、近い、白い、丸い、広い、明るい、大きい、静か、きれ
　　い、ロマンチック、にぎやか

제 9 과

いろいろな規則

여러 가지 규칙

토픽·어휘	아파트의 규칙
학습 내용	①허가·금지 등의 표현을 듣는다(여러 가지 규칙을 연습한다). (테이프 시간 : 5분 02초) ②〈문법·문형〉 ～てもいいですか, ～てはいけません
연습 요령	

- Ⅰ 단계 : 해서는 안 될 행동에는 ×, 해도 되는 행동에는 ○표를 기입한다.
- Ⅱ 단계 : 대화 내용을 듣고, 해당하는 그림에 건물의 번호를 기입한다.

AURAL TEST

I．例(れい)のように○か×を書(か)きなさい。

例(れい)

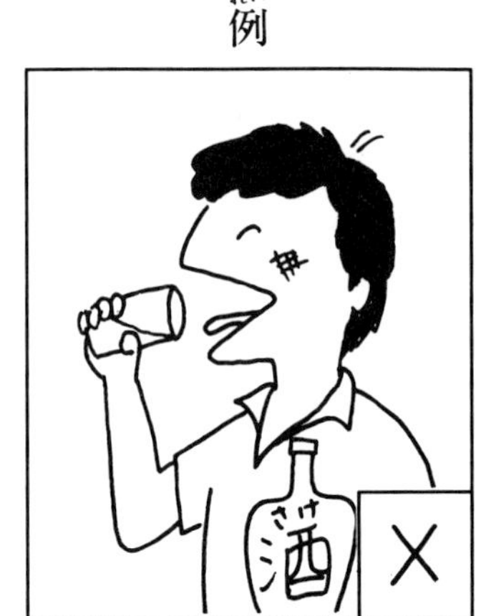

1

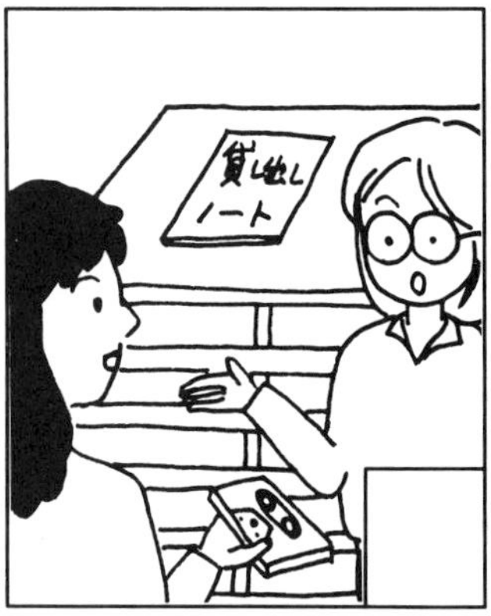

2

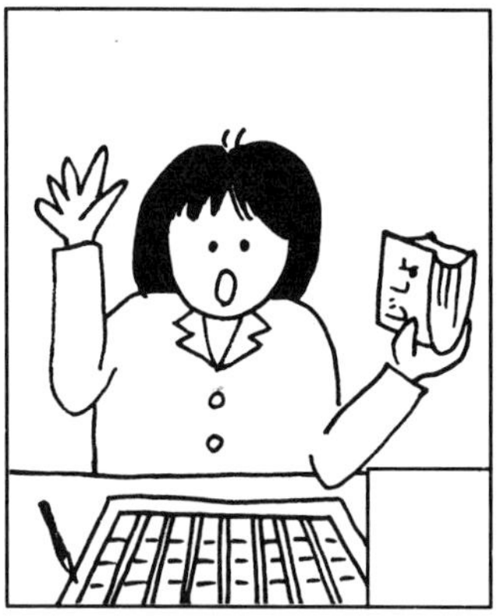

3

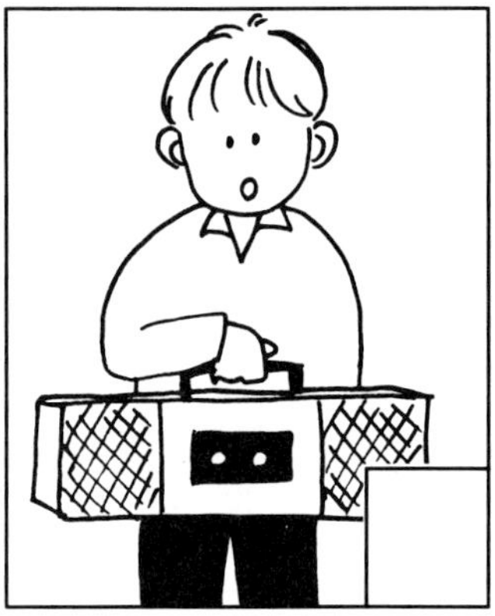

4

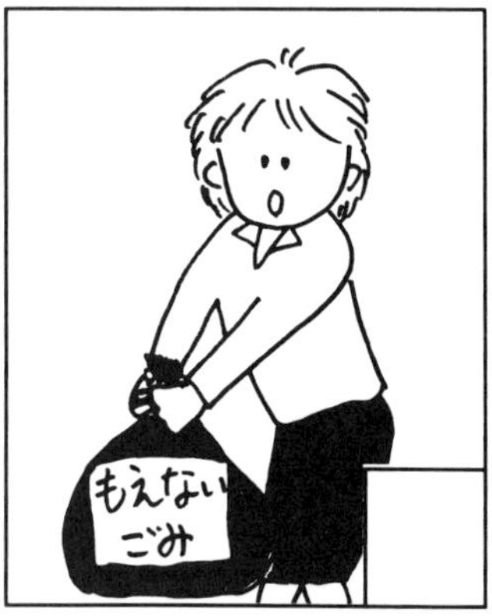

5

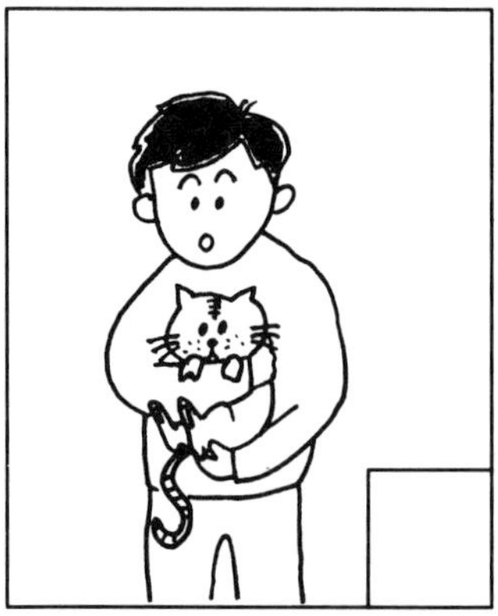

6

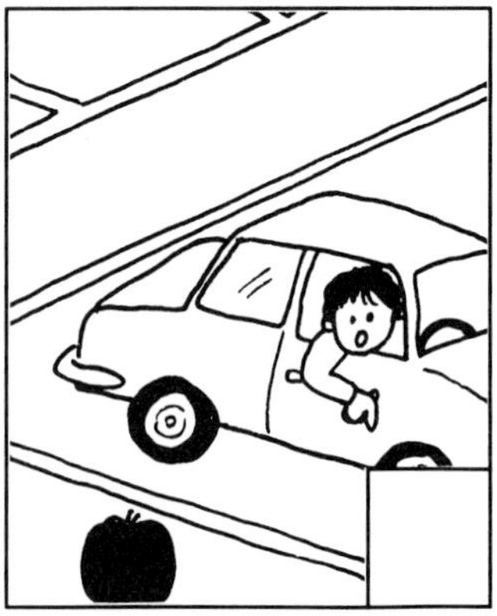

II. テープを聞いて、例のように番号を書きなさい。

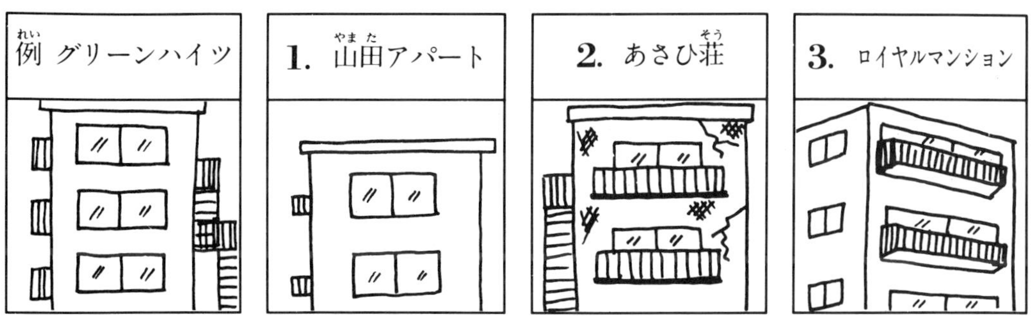

Ⅰ．例のように○か×を書きなさい。

例) A：お酒を飲んでもいいですか。
　　B：いいえ、飲んではいけません。

1．A：すみません。このテープを借りてもいいですか。
　　B：ええ、どうぞ。そこのノートに名前を書いてください。

2．A：先生、この作文は辞書を見て書いてもいいですか。
　　B：テストですから見て書いてはいけません。

3．A：あのう、昼休みに音楽を聞くんですが、テープレコーダーを借りてもいいですか。
　　B：ええ、使ってもいいですよ。

4．A：燃えないごみは水曜日ですか。
　　B：いいえ、水曜日に出してはいけません、木曜日です。

5．A：こちらのアパートは猫を飼ってもいいですか。
　　B：ええ、いいですよ。犬はだめですけど。

6．A：あの、この駐車場を使ってもいいでしょうか。
　　B：ええ、使ってください。

Ⅱ．テープを聞いて、例のように番号を書きなさい。

例) グリーンハイツ
　　A：あっ、おはようございます。
　　B：おはようございます。
　　A：今日はごみの日ですね。
　　B：ええ、今日と、水と、金、つまり、月、水、金ですね。
　　A：はい、わかりました。あのう、すみません、大家さん。
　　B：はい、何ですか。
　　A：あのう、猫を飼いたいんですけど、飼ってもいいでしょうか。
　　B：あ、猫ですか。猫はだめなんですよ。犬はいいですよ。私が猫が嫌いなんですよ。
　　A：あ、そうなんですか。それから大家さん。あのう、洗濯機を買ったんですけど…。
　　　　外に置いてもいいですか。
　　B：1階ですよね。（A：ええ。）じゃあ、建物の横に置いてください。
　　A：建物の横ですね。（B：ええ。）それからあのう、車はどこに置きましょうか。
　　B：あっ、駐車場はアパートの前にあるんですけどねえ。今、いっぱいなんですよ。
　　　　ほら、見てください。（A：そうですね。）駐車場には車がたくさんあるでしょう。

Ⅰ. 보기와 같이 ○ 또는 ×로 표기하시오.

보기　A : 술을 마셔도 됩니까?
　　　　B : 아니오, 마셔서는 안 됩니다.

1. A : 실례합니다. 이 테이프를 빌릴 수 있습니까?
　 B : 예. 그렇게 하세요. 거기에 있는 노트에 이름을 써 주십시오.

2. A : 선생님, 이 작문은 사전을 보고 써도 됩니까?
　 B : 시험이니까 보고 써서는 안 됩니다.

3. A : 저, 점심 시간에 음악을 들으려고 하는데, 녹음기를 빌릴 수 있을까요?
　 B : 예, 써도 됩니다.

4. A : 타지 않는 쓰레기는 수요일입니까?
　 B : 아니오, 수요일에 내놓아서는 안 됩니다, 목요일입니다.

5. A : 이 아파트에서는 고양이를 길러도 됩니까?
　 B : 예, 괜찮습니다. 개는 안 됩니다만.

6. A : 저, 이 주차장을 사용해도 되겠습니까?
　 B : 예, 쓰십시오.

Ⅱ. 테이프를 듣고, 보기와 같이 번호를 쓰시오.

보기　그린 하이쯔
　　　　A : 아, 안녕하세요.
　　　　B : 안녕하세요.
　　　　A : 오늘은 쓰레기 회수의 날이군요.
　　　　B : 예, 오늘하고, 수(요일)하고 금(요일), 말하자면 월·수·금이에요.
　　　　A : 예, 알았습니다. 저?…, 실례합니다, 주인 아주머니.
　　　　B : 예, 무엇입니까?
　　　　A : 저어, 고양이를 기르고 싶은데, 길러도 되겠습니까?
　　　　B : 아, 고양이요? 고양이는 안 돼요. 개는 괜찮아요. 나는 고양이를 싫어하거든
　　　　　　요.
　　　　A : 아, 그렇습니까. 그리고 주인 아주머니, 저어, 세탁기를 샀는데…. 바깥에 두
　　　　　　어도 됩니까?
　　　　B : 1층이지요. (A : 예.) 그럼, 건물 옆에 두십시오.
　　　　A : 건물 옆이군요. (B : 예.) 그리고 저어, 자동차는 어디에 둘까요?
　　　　B : 아, 주차장은 아파트 앞에 있지만. 지금, 꽉 차 있어요. 자, 보세요. (A : 그렇
　　　　　　군요.) 주차장에는 차가 많지요?

　　Ａ：ええ。
　　Ｂ：すみませんが、ほかの駐車場をさがしてください。
　　Ａ：はあ。

１．山田アパート
　　Ａ：あ、田中さん、こんにちは。
　　Ｂ：こんにちは。あのう、すみません。ごみはいつ出してもいいんですか。
　　Ａ：あ、ごみですか。ごみは月曜日と水曜日と金曜日が燃えるごみで、土曜日が燃え
　　　　ないごみですから…。
　　Ｂ：じゃあ、月・水・金・土、は出してもいいんですね。（Ａ：ええ。）
　　　　それから、ペットなんですけど。
　　Ａ：はい。ペット？うちのアパートでは、猫はいいですが、犬は困ります。
　　Ｂ：猫だけ飼ってもいいんですね。
　　Ａ：はい。それから、田中さんは２階でしたよね。（Ｂ：ええ。）洗濯機はベランダに置
　　　　いてください。
　　Ｂ：ベランダ？…ああ、窓の外ですね。あのう、車はどこに置いたらいいですか。
　　Ａ：車はアパートの前に置いてください。
　　Ｂ：アパートの前ですね。はい。

２．あさひ荘
　　Ａ：佐藤さん、おはようございます。
　　Ｂ：あ、吉田さん、おはようございます。
　　Ａ：ちょっと教えていただきたいんですが…。
　　Ｂ：はい、何ですか。
　　Ａ：あのう、ごみの日なんですが、いつですか。
　　Ｂ：あ、ごみは火木土です。火、木は燃えるごみ、土は燃えないごみの日です。
　　Ａ：火、木は燃えるごみ、土は燃えないごみ……ですね。それから、ペットを飼いた
　　　　いんですが…。
　　Ｂ：ペット？犬でも猫でも大丈夫です。何でも飼っていいんですよ。
　　Ａ：洗濯機は…。
　　Ｂ：それが、洗濯機はねえ、部屋が狭いですからね、コインランドリーに行ってくだ
　　　　さい。
　　Ａ：あっ、そうですか。じゃあ、車は。
　　Ｂ：車。車はだめですよ、駐車場はありません。
　　Ａ：え、車は置いてはいけないんですかあ。それは困ったなあ。

３．ロイヤルマンション
　　Ａ：よしこさん、よしこさんのマンションって、ごみの日はいつ？
　　Ｂ：ごみの日？火水木土…かな。
　　Ａ：へえ、便利ね。４日間もあるの。

A : 예.
B : 미안하지만, 다른 주차장을 알아보세요.
A : 네.

1. 야마다(山田) 아파트
  A : 아, 다나까 씨, 안녕하세요.
  B : 안녕하세요. 저…, 실례합니다. 쓰레기는 아무때나 내놓아도 괜찮습니까 ?
  A : 아, 쓰레기 말이에요 ? 쓰레기는 월요일과 수요일과 금요일이 타는 쓰레기이고,
    토요일이 타지 않는 쓰레기니까….
  B : 그럼, 월·수·금·토는 내놓아도 되겠군요. (A : 예.)
    그리고, 애완 동물입니다만.
  A : 예. 애완 동물 ? 우리 아파트에서는 고양이는 좋습니다만, 개는 곤란합니다.
  B : 고양이만은 길러도 되는군요.
  A : 예. 그리고 다나까 씨는 2층이지요 ? (B : 예.)
    세탁기는 베란다에 두세요.
  B : 베란다 ?…아아, 창문 바깥이군요 ? 저…, 차는 어디 두면 되겠습니까 ?
  A : 차는 아파트 앞에 두세요.
  B : 아파트 앞 말이죠. 예.

2. 아사히 장(莊)
  A : 사또 씨, 안녕하세요.
  B : 아, 요시다 씨, 안녕하세요.
  A : 좀 가르쳐 주셨으면 하는데요.
  B : 예, 무엇입니까 ?
  A : 저…, 쓰레기 회수 날 말인데요, 언제입니까 ?
  B : 아, 쓰레기는 화목토입니다. 화·목은 타는 쓰레기, 토는 타지 않는 쓰레기 회수
    날입니다.
  A : 화·목은 타는 쓰레기, 토는 타지 않는 쓰레기…군요. 그리고 애완 동물을 기르고
    싶은데….
  B : 애완 동물 ? 개든 고양이든 괜찮습니다. 뭐든 길러도 됩니다.
  A : 세탁기는….
  B : 그것이, 세탁기는요, 방이 좁으니까요. 빨래방을 이용하세요.
  A : 아, 그렇습니까 ? 그럼, 차는 ?
  B : 차. 차는 안 됩니다. 주차장이 없습니다.
  A : 예 ? 차는 두어서는 안 된다는 말씀입니까 ? 그거 곤란하게 됐는데.

3. 로열 맨션
  A : 요시꼬 씨, 요시꼬 씨의 맨션에선 쓰레기 회수 날은 언제 ?
  B : 쓰레기 회수 날 ? 화수목토…인가 ?
  A : 어머, 편리한데. 4일이나 돼요 ?

B：うん。でもね。ペットはだめなの。「ペットは飼わないでください。」って大家さん
　　が言っているの。私は猫を飼いたいのに…。
A：そう、残念ね。洗濯はどうしてるの。
B：部屋の中に洗濯機を置いてるの。
A：ふうん、車はどうしてるの。
B：うん、車はマンションの後ろの駐車場に置いてるわ。
A：いいわね。やっぱり、駐車場があると。
B：うん、便利なマンションだけど、部屋代が高いのはやっぱり困るわ。
A：どこでも部屋代は高いわね。

B : 응. 그렇지만 말이야. 애완 동물은 안 돼. 「애완 동물은 기르지 마세요.」 하고 주
　　인이 말했거든. 나는 고양이를 기르고 싶지만….
A : 그래, 그건 안됐구나. 세탁은 어떻게 하고 있지?
B : 방 안에 세탁기를 두었어.
A : 으응, 차는 어떻게 하고 있는 거지?
B : 응, 차는 맨션 뒤의 주차장에 두고 있어.
A : 좋겠네. 역시 주차장이 있으면.
B : 응, 편리한 맨션이지만, 방세가 비싼 건 역시 곤란해.
A : 어디든 방세는 비싸잖아.

Ⅰ. 1. ○ 2. × 3. ○ 4. × 5. ○ 6. ○

Ⅱ.

例	2	1	3
2	例	1	3
1	3	2	例
例	2	3	1

제 10 과(1)

何をしていますか。

무엇을 하고 있습니까?

토픽·어휘	동작을 나타내는 말
학습 내용	①동작의 진행(계속) 표현을 듣는다(사진을 보면서 누가 무엇을 하고 있는가를 말한다). (테이프 시간 : 5분 15초) ②〈문법·문형〉 ～ています(동작의 진행)

연습 요령

- I 단계 : 테이프를 듣고, 아래의 네모 안에서 해당하는 이름을 골라서 그 기호를 그림 안에 기입한다.
- II 단계 : 테이프를 듣고, 아래의 네모꼴 안에서 해당하는 이름을 골라서 그 기호를 그림 안에 기입한다(회화 내용을 한마디 한마디 다 들을 필요는 없다).

AURAL TEST

I．テープを聞いて □ の中から名前を選んで、例のように記号で書きなさい。

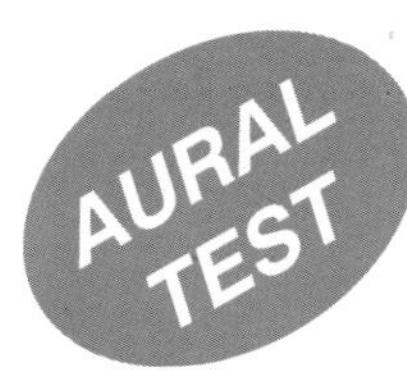

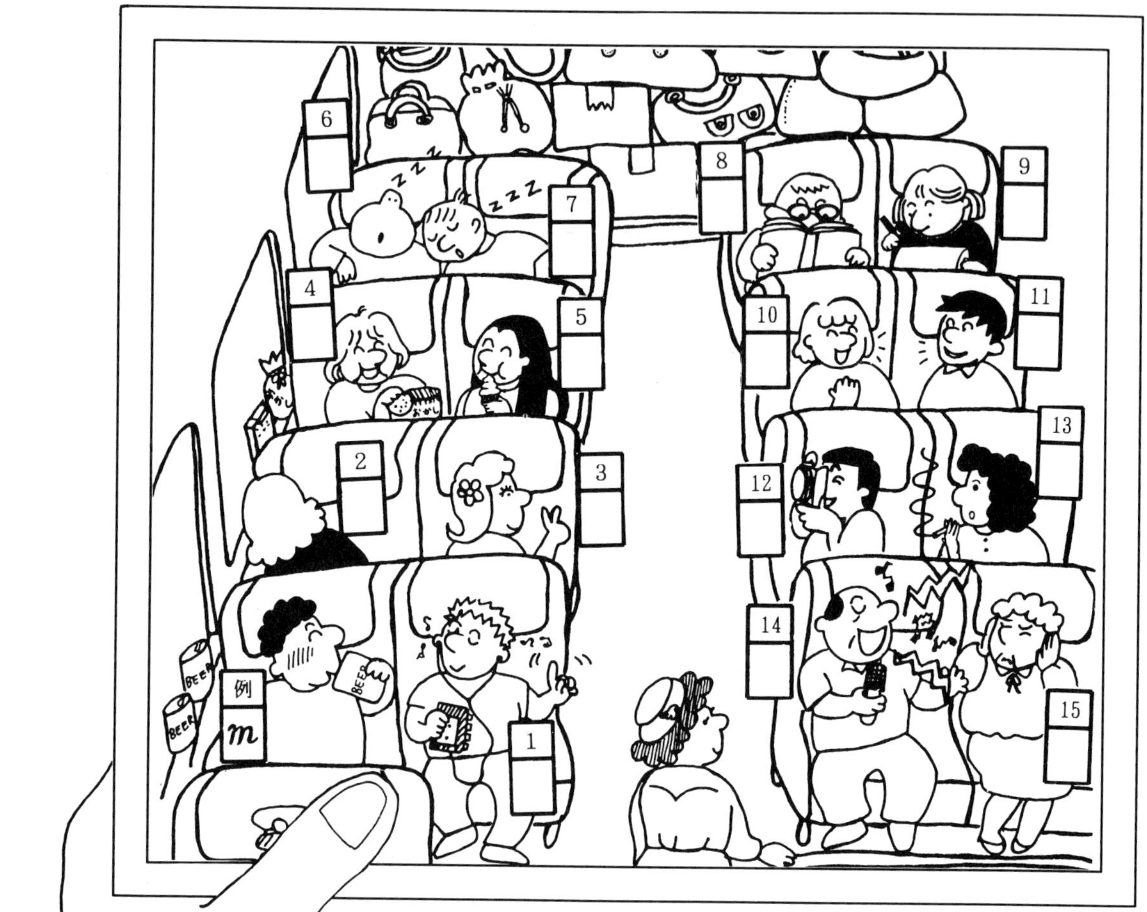

a．キム	b．山本	c．長井	d．ワン
e．鈴木	f．佐藤	g．パク	h．マリー
i．遠藤	j．山田	k．リン	l．木村
m．チョウ	n．斎藤	o．チン	p．アンジニ

II. テープを聞いて □ の中から名前を選んで、例のように記号で書きなさい。

A. ひろし　B. ひろしの母　C. 山本
D. 田中　E. 山田　F. 中村

Ⅰ．テープを聞いて<u>しかく</u>の中から名前を選んで、例のように記号で書きなさい。

例）A：すみません、ビールを飲んでいる人は誰ですか。
　　B：ああ、チョウさんです。

　　A：このバスの写真、全部会社の人達ですか。
　　B：ええ、そうですよ。
　　A：私は、名前が全然わからないんですが…。
　　B：名前ね、いいですよ。じゃあ左側から。
　　A：いちばん前に2人の男の人が座っていますね。
　　B：ええ、チョウさんとワンさんです。チョウさんはビールを飲んでいて、ワンさん
　　　　はウォークマンを聞いています。
　　A：チョウさんとワンさんですね。
　　B：ええ。その後ろの2人の女の人は…と、ああ、長井さんです。外を見ています。
　　　　それからアンジニさん。
　　A：ええと、長井さんとアンジニさんですね。ああ、アンジニさんは、インドの人で
　　　　すね。
　　B：そうですよ。それから、その次がチンさんとパクさん。チンさんはおかしを食べ
　　　　ています。パクさんはアイスクリームを食べていますね。
　　A：じゃあ、髪が長い人がパクさんですね。
　　B：そうです。それから、その後ろでキムさんと山本さんが寝ています。
　　A：右の人が山本さんですか。
　　B：そうです。
　　A：キムさんていうと韓国の人ですか。
　　B：ええ。そうですよ。ええと、それから山本さんの隣の人が…。
　　　　ええと、佐藤さんです。このめがねをかけている人。
　　A：ああ、本を読んでいる人ですね。、これが佐藤さん。
　　　　（B：ええ）じゃあ、その隣の手紙を書いている人は。
　　B：ああ、斎藤さんですよ。それで、斎藤さんの前がリンさんです。
　　A：リンさん…ですね。
　　B：ええ、リンさんの隣がマリーさんです。2人で話をしていますね。
　　A：じゃあ、その前の2人ですけど…。
　　B：ええと、写真を撮っている人が木村さんです。ああ、木村さんはアンジニさんの
　　　　写真を撮っていますね。
　　A：それじゃあ、たばこを吸っている人は誰ですか。
　　B：あっ、山田さんです。それで山田さんの前に遠藤さんと鈴木さんがいます。
　　A：ええと…歌を歌っている人が鈴木さんですか。
　　B：いいえ、歌を歌っている人が遠藤さんで、鈴木さんはその隣です。
　　A：ああ、そうなんですか。じゃあ、これで全部わかりました。
　　　　どうもありがとうございました。
　　B：いいえ。

Ⅰ. 테이프를 듣고 네모 안에서 이름을 골라, 보기와 같이 기호로 쓰시오.

보기　A : 실례합니다, 맥주를 마시고 있는 사람은 누구입니까?
　　　　B : 아아, 조 씨입니다.

　　　A : 이 버스 사진, 모두 회사 사람들입니까?
　　　B : 예, 그렇습니다.
　　　A : 나는 이름을 전혀 모르겠는데요….
　　　B : 이름 말이죠. 좋습니다. 그럼 왼쪽에서부터.
　　　A : 제일 앞에 남자 두 사람이 앉아 있지요.
　　　B : 예, 조 씨와 왕 씨입니다. 조 씨는 맥주를 마시고 있고, 왕 씨는 워크맨을 듣고
　　　　　있습니다.
　　　A : 조 씨와 왕 씨군요.
　　　B : 예. 그 뒤에 있는 여자 두 사람은…누군가 하면, 아아, 나가이 씨입니다. 바
　　　　　깥을 보고 있습니다. 그리고 안지니 씨.
　　　A : 그러니까…, 나가이 씨와 안지니 씨군요.
　　　　　아아, 안지니 씨는 인도 사람이지요.
　　　B : 그렇습니다. 그리고 그 다음이 진 씨와 박씨. 진 씨는 과자를 먹고 있습니다.
　　　　　박씨는 아이스크림을 먹고 있군요.
　　　A : 그럼, 머리가 긴 사람이 박씨군요.
　　　B : 그렇습니다. 그리고 그 뒤에서 김씨와 야마모또 씨가 자고 있습니다.
　　　A : 오른쪽 사람이 야마모또 씨입니까?
　　　B : 그렇습니다.
　　　A : 김씨라고 하면 한국 사람입니까?
　　　B : 예. 그렇습니다. 저…, 그리고 야마모또 씨 옆 사람이….
　　　　　저기…, 아, 사또 씨예요. 이 안경을 쓰고 있는 사람.
　　　A : 아아, 책을 읽고 있는 사람이군요. 이 사람이 사또 씨. (B : 예.)
　　　　　그럼, 그 옆에서 편지를 쓰고 있는 사람은.
　　　B : 아아, 사이또 씨예요. 그리고 사이또 씨 앞이 린 씨입니다.
　　　A : 린 씨…군요.
　　　B : 예, 린 씨 옆이 마리 씨입니다. 두 사람이 이야기를 하고 있군요.
　　　A : 그럼, 그 앞에 있는 두 사람인데….
　　　B : 저…, 사진을 찍고 있는 사람이 기무라 씨입니다. 아아, 기무라 씨는 안지니
　　　　　씨의 사진을 찍고 있군요.
　　　A : 그러면, 담배를 피우고 있는 사람은 누구입니까?
　　　B : 아, 야마다 씨입니다. 그리고 야마다 씨 앞에 엔도 씨와 스즈끼 씨가 있습니다.
　　　A : 저…, 노래를 부르고 있는 사람은 스즈끼 씨입니까?
　　　B : 아니오, 노래를 부르고 있는 사람이 엔도 씨이고, 스즈끼 씨는 그 옆입니다.
　　　A : 아아, 그렇습니까? 그럼, 이것으로 모두 알았습니다.
　　　　　대단히 감사합니다.
　　　B : 뭘요.

II. テープを聞いて しかく の中から名前を選んで、例のように記号で書きなさい。

A：まあ、これいつの写真でしょうか。おかあさん。
B：え、ああ、それはひろしの小学校の時の写真ですよ。
A：へえ、小学校の時ですか。おもしろいですね。あれ、これおかあさんですか。
B：え、どれどれ…あ、そうですよ。本を読んでいますね。
A：お若いですね。
B：そんなことはありませんよ。
A：これはみんなひろしさんのお友達ですか。
B：ええ、そうですよ。今はみんな会社員だけど…けいこさん誰が誰だかわかりますか。
A：そうですね。ええと、このお弁当を食べている人が、田中さん…ですか。
B：どれどれ…あ、そうそうこれが田中さんですよ。
A：じゃあ、これは。
B：その、ジュースを飲んでいる人。
A：そうです。
B：んんんん…誰でしょうね。あ、そうそう、それは中村さんよ。
A：ああ、中村さんですか。ずいぶん変わりましたね。今はめがねをかけていますから
　　ね。
B：そうね。小さい時と今は全然違うわね。
A：あら、この人は何をいてしるんですか。
B：どの人。
A：この口をあけている人。
B：この人は山田さん、山田さんですよ。ああ、歌を歌っているんですよ。山田さんは
　　小さい時から歌が好きでね。（A：そうなんですか。）この時も歌っていましたよ。
A：みんな楽しそうですね。
B：ええ、楽しかったですよ。
A：あのう、ところでひろしさんはどこにいるんでしょうか。
B：え、けいこさん、ひろしの顔がわからないんですか。もう、結婚して５年でしょう。
A：ええ…ちょっと…。
B：そこですよ。山本さんの隣にいる。
A：え、この寝ているこどもですか。
B：そうですよ。それがひろしよ。

Ⅱ. 테이프를 듣고 네모 안에서 이름을 골라, 보기와 같이 기호로 쓰시오.

 A : 어머나, 이거 언제 사진이에요. 어머님.
 B : 어? 아아, 그건 히로시의 국민 학교 때 사진이야.
 A : 예? 국민 학교 때의 사진이에요? 재미있는데요. 어, 이 사람 어머님이세요?
 B : 어, 어디 어디…아, 그래. 책을 읽고 있네.
 A : 젊으시네요.
 B : 그렇지도 않아.
 A : 이 사람들 모두 히로시 씨의 친구예요?
 B : 응, 그래. 지금은 모두 회사원인데…게이꼬야, 누가 누구인지 알 수 있어?
 A : 글쎄요. 저…, 이 도시락을 먹고 있는 사람이, 다나까 씨…인가요?
 B : 어디 어디…아, 그래 그래, 이 사람이 다나까 씨야.
 A : 그럼, 이 사람은?
 B : 거기, 주스를 마시고 있는 사람?
 A : 예.
 B : 으응, 누구일까? 아, 그래 그래, 그 사람은 나까무라 씨군.
 A : 아아, 나까무라 씨예요? 꽤 변했군요. 지금은 안경을 쓰고 있으니 말이에요.
 B : 그렇지. 어릴 때와 지금은 아주 딴판이야.
 A : 어머, 이 사람은 무엇을 하고 있지요?
 B : 어느 사람?
 A : 입을 벌리고 있는 이 사람.
 B : 이 사람은 야마다 씨, 야마다 씨다. 아아, 노래를 부르고 있는 거야. 야마다 씨는
  어릴 때부터 노래를 좋아해서 말이다. (A : 그래요?) 이때도 노래를 부르고
  있었지.
 A : 모두 즐거워 보이는군요.
 B : 그래, 즐거웠지.
 A : 저…, 그런데 히로시 씨는 어디 있나요?
 B : 어? 게이꼬, 히로시의 얼굴을 모르겠어? 결혼한 지 벌써 5년이지?
 A : 예…좀….
 B : 거기잖아. 야마모또 씨 옆에 있어.
 A : 어, 이 자고 있는 아이 말이에요?
 B : 그래. 그 아이가 히로시야.

I. 　1．d 　2．c 　3．p 　4．o 　5．g 　6．a
　　 7．b 　8．f 　9．n 　10．h 　11．k 　12．l
　　 13．j 　14．i 　15．e

II. 　A．寝ている人です。　　　　 C．ひろしの隣にいる人です。
　　 D．お弁当を食べている人です。　 E．歌を歌っている人です。
　　 F．ジュースを飲んでいる人です。

どうやって行きますか。

어떻게 해서 갑니까?

<table>
<tr><td>**토픽·어휘**</td><td>교통 기관에 관계되는 말</td></tr>
<tr><td>**학습 내용**</td><td>①교통 기관과 관련된 표현(목적지로 가는 방법)을 학습한다.
　(테이프 시간 : 5분 28초)
②〈문법·문형〉乗ります, 降ります, 乗り換えます</td></tr>
</table>

연습 요령

- Ⅰ　단계 : ①역·교통 기관의 이름을 어떻게 읽는지 먼저 확인한다.
　②테이프의 설명에 따라서 노선도에 선을 그린다.
　③교통 기관별로 선의 종류가 다름에 주의한다. 색연필을 사용
　　하는 등의 방법으로, 즐기면서 노선도를 완성시킨다.
- Ⅱ　단계 : 테이프를 듣고, 탈 전차, 갈아탈 역, 내릴 역을 체크(√)한다(√
　　의 수는 여러 개일 수도 있다).

AURAL TEST

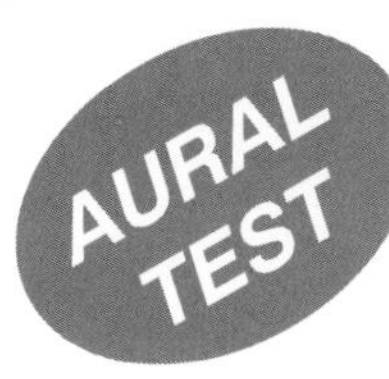

I．テープを聞いて例のように線を書きなさい。

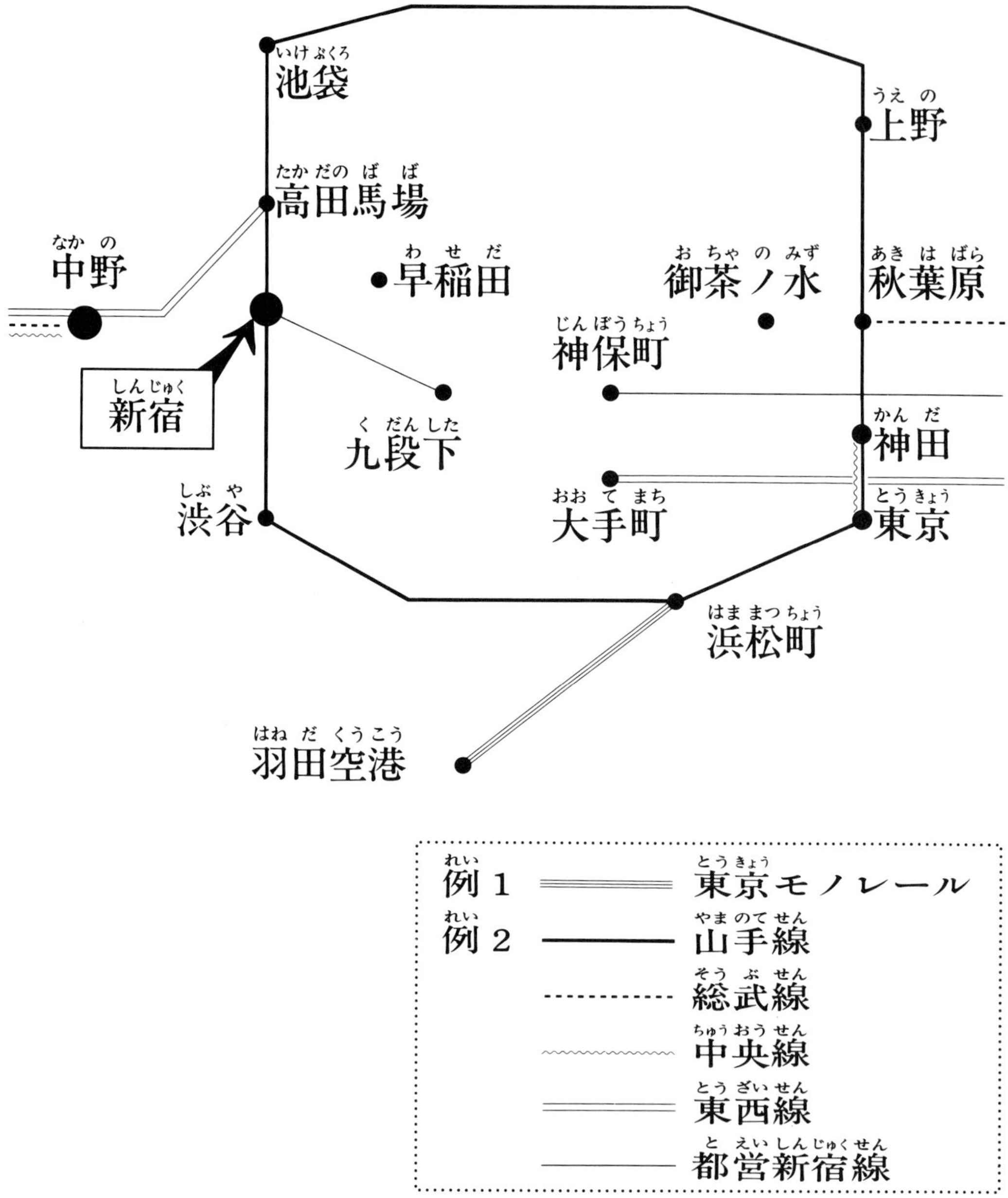

★新宿から大手町までどうやって行きますか。

II. テープを聞いて、乗る電車、乗り換える駅、降りる駅をチェック（✓）しなさい。

＊新宿から出発します。

		例	1	2	3	4	5
乗る電車	山手線	✓					
	中央線						
	総武線						
	東西線						
	都営新宿線						
	東京モノレール	✓					
乗り換える駅	九段下						
	御茶ノ水						
	高田馬場						
	浜松町	✓					
降りる駅	大手町						
	御茶ノ水						
	早稲田						
	神保町						
	秋葉原						
	羽田空港	✓					

Ⅰ. テープを聞いて例のように線を書きなさい。

例1）今、浜松町です。浜松町から羽田空港まで東京モノレールで行きます。

例2）山手線に乗ります。今、新宿です。山手線には新宿のほかに渋谷、東京、上野、池袋、高田馬場などがあります。

　1. 今、中野です。中野で総武線に乗ります。途中、新宿と御茶ノ水があります。
　　でも、東京へは行きません。秋葉原へは行きます。
　2. 今、中野です。中野で中央線に乗ります。途中、新宿と御茶ノ水と神田があります。
　3. 今、高田馬場です。高田馬場で東西線に乗ります。途中、早稲田と九段下と大手町があります。
　4. 今、神保町です。神保町で都営新宿線に乗ります。
　　途中、九段下があります。

Ⅱ. テープを聞いて、乗る電車、乗り換える駅、降りる駅をチェックしなさい。新宿から出発します。

例）A：すみません。羽田空港へはどうやって行きますか。
　　B：ええと、山手線に乗ってください。
　　A：山手線…ですね。
　　B：ええ。それから、浜松町で電車を降りて、東京モノレールに乗り換えます。
　　A：浜松町で乗り換えるんですね。
　　B：そうです。モノレールに乗って、羽田空港で降ります。
　　A：わかりました。どうもありがとうございました。
　　B：いいえ。

1. A：すみません、先生。入国…。ええと…。
　　B：入管ですか。入国管理局。
　　A：あ、そうです。入国管理局です。行き方を教えてください。
　　B：はい、いいですよ。都営新宿線で九段下まで行って、東西線に乗り換えます。
　　A：都営…。
　　B：都営新宿線です。地下鉄です。
　　A：ええと、その都営新宿線の九段下で東西線に乗り換えるんですね。
　　B：そうです。そして、大手町で降ります。
　　A：大手町ですね。どうもありがとうございました。
　　B：いいえ。どういたしまして。

2. A：太陽大学へはどうやっていくんですか。
　　B：太陽大学？

Ⅰ. 테이프를 듣고 보기와 같이 선을 그으시오.

보기 1 지금, 하마마쓰쬬입니다. 하마마쓰쬬에서 하네다 공항까지 도꾜 모노레일로 갑
　　　니다.
보기 2 야마노떼셍을 탑니다. 지금 신주꾸입니다. 야마노떼셍에는 신주꾸 이외에 시부
　　　야, 도꾜, 우에노, 이께부꾸로, 다까다노바바 등이 있습니다.

1. 지금, 나까노입니다. 나까노에서 소부선을 탑니다. 도중에 신주꾸와 오짜노미즈가 있
　 습니다. 그러나 도꾜에는 가지 않습니다. 아끼하바라에는 갑니다.
2. 지금, 나까노입니다. 나까노에서 주오선을 탑니다. 도중에 신주꾸와 오짜노미즈와 간
　 다가 있습니다.
3. 지금, 다까다노바바입니다. 다까다노바바에서 도자이선을 탑니다. 도중에 와세다와
　 구단시따와 오떼마찌가 있습니다.
4. 지금, 짐보쬬입니다. 짐보쬬에서 도에이신주꾸선을 탑니다. 도중에 구단시따가 있습
　 니다.

Ⅱ. 테이프를 듣고, 탈 전철, 갈아탈 역, 내릴 역을 체크하시오.
　 신주꾸에서 출발하겠습니다.

보기　A : 실례합니다. 하네다 공항에는 어떻게 갑니까?
　　　　B : 저, 야마노떼셍을 타십시오.
　　　　A : 야마노떼셍…말이지요.
　　　　B : 예. 그리고 하마마쓰쬬에서 전철에서 내려서, 도꾜 모노레일로 갈아탑니다.
　　　　A : 하마마쓰쬬에서 갈아타는군요?
　　　　B : 그렇습니다. 모노레일을 타고, 하네다 공항에서 내립니다.
　　　　A : 알았습니다. 대단히 감사합니다.
　　　　B : 뭘요.

1. A : 실례합니다, 선생님. 입국…. 저….
　 B : 입관(入管) 말인가요? 입국 관리국?
　 A : 아, 그렇습니다. 입국 관리국입니다. 가는 방법을 가르쳐 주십시오.
　 B : 예, 좋습니다. 도에이신주꾸선으로 구단시따까지 가서, 도자이선으로 갈아탑니다.
　 A : 도에이….
　 B : 도에이신주꾸선입니다. 지하철입니다.
　 A : 저…, 그 도에이신주꾸선의 구단시따에서 도자이선으로 갈아타는군요.
　 B : 그렇습니다. 그리고 오떼마찌에서 내립니다.
　 A : 오떼마찌군요. 대단히 감사합니다.
　 B : 아니오, 천만에요.

2. A : 다이요대학교에는 어떻게 갑니까?
　 B : 다이요대학교?

　　A：太陽大学です。
　　B：ああ、それなら御茶ノ水ですよ。
　　A：じゃあ、東西線ですね。
　　B：いいえ、東西線じゃありません。中央線です。速いんですよ。
　　A：中央線の御茶ノ水ですね。
　　B：ええ。

3．A：もしもし。山田大学ですか。
　　B：はい。そうです。
　　A：あの…私は留学生ですが…山田大学への行き方がわからないんです。
　　B：今、どこですか。
　　A：新宿です。
　　B：それでは、まず、山手線で高田馬場まで行きます。
　　A：山手線に乗って、高田馬場ですね。
　　B：はい、高田馬場で東西線に乗り換えてください。
　　A：東西線ですか。
　　B：はい。そして、早稲田で電車を降ります。そこからすぐです。
　　A：よくわかりました。ありがとうございました。
　　B：いいえ。

4．A：あのう…安い電気製品はどこにありますか。
　　B：安い電気製品。何を買いますか。
　　A：冷蔵庫とテレビです。
　　B：それなら、秋葉原がいいですよ。
　　A：秋葉原。
　　B：そうです。
　　A：中央線ですか。
　　B：ええ、中央線で御茶ノ水へ行って、御茶ノ水で総武線に乗り換えます。
　　A：そして、秋葉原で降りるんですね。
　　B：そうです。駅の前に電気屋がたくさんありますから、すぐわかります。

5．A：本を買いたいんですが…。安い本がたくさんある所はどこですか。
　　B：そうですね…神田の古本屋街がいいですね。
　　A：古本屋。
　　B：ええ。古い本がたくさんある本屋のことです。
　　A：古い本ですか。新しい本もありますか。
　　B：もちろん、ありますよ。本屋はたくさんありますから。
　　A：そうですか。ええと、神田ですか。
　　B：ええ。でも、駅は中央線の神田ではありません。都営新宿線の神保町です。
　　A：都営新宿線の神保町…ですね。
　　B：ええ、神保町で降りて歩きます。

A : 다이요대학교입니다.
B : 아아, 그 대학이라면 오짜노미즈입니다.
A : 그럼, 도자이선이군요.
B : 아니오, 도자이선이 아닙니다. 주오선입니다. 빠르지요.
A : 주오선의 오짜노미즈군요.
B : 예.

3. A : 여보세요. 야마다대학교입니까?
B : 예, 그렇습니다.
A : 저…저는 유학생인데요…야마다대학교로 가는 법을 몰라서요.
B : 지금, 어디 있습니까?
A : 신주꾸입니다.
B : 그렇다면, 우선 야마노떼셍으로 다까다노바바까지 갑니다.
A : 야마노떼셍을 타서, 다까다노바바군요.
B : 예, 다까다노바바에서 도자이선으로 갈아타십시오.
A : 도자이선요?
B : 예, 그리고 와세다에서 전철을 내립니다. 거기에서 금방입니다.
A : 잘 알았습니다. 감사합니다.
B : 천만에요.

4. A : 저…싼 전기 제품은 어디 있습니까?
B : 싼 전기 제품. 무엇을 사는데요?
A : 냉장고와 텔레비전입니다.
B : 그렇다면, 아끼하바라가 좋겠군요.
A : 아끼하바라.
B : 그렇습니다.
A : 주오선입니까?
B : 예, 주오선으로 오짜노미즈로 가서, 오짜노미즈에서 소부선으로 갈아탑니다.
A : 그리고 아끼하바라에서 내리는군요.
B : 그렇습니다. 역 앞에 전기 제품 가게가 많으니까, 바로 알 수 있습니다.

5. A : 책을 사고 싶은데…. 싼 책이 많이 있는 곳은 어디입니까?
B : 글쎄요…간다의 고서점가가 좋겠군요.
A : 고서점.
B : 예. 헌 책이 많이 있는 책방을 말합니다.
A : 헌 책입니까? 새 책도 있습니까?
B : 물론 있습니다. 책방은 많이 있으니까요.
A : 그렇습니까? 저…, 간다죠?
B : 예. 하지만, 역은 주오선의 간다가 아닙니다. 도에이신주꾸선의 짐보쪼입니다.
A : 도에이신주꾸선의 짐보쪼…요.
B : 예, 짐보쪼에서 내려서 걷습니다.

I．1．総武線：中野・新宿・御茶ノ水・秋葉原を点線で結ぶ

　　2．中央線：中野・新宿・御茶ノ水・神田を波線で結ぶ

　　3．東西線：高田馬場・早稲田・九段下・大手町を2重線で結ぶ

　　4．都営新宿線：神保町と九段下を結ぶ

II．1．<u>乗る電車</u>：東西線、都営新宿線　<u>乗り換える駅</u>：九段下　<u>降りる駅</u>：大手町

　　2．<u>乗る電車</u>：中央線　<u>乗り換える駅</u>：なし　<u>降りる駅</u>：御茶ノ水

　　3．<u>乗る電車</u>：山手線、東西線　<u>乗り換える駅</u>：高田馬場　<u>降りる駅</u>：早稲田

　　4．<u>乗る電車</u>：中央線、総武線　<u>乗り換える駅</u>：御茶ノ水　<u>降りる駅</u>：秋葉原

　　5．<u>乗る電車</u>：都営新宿線　<u>乗り換える駅</u>：なし　<u>降りる駅</u>：神保町

自己紹介

자기 소개

토픽·어휘	자기 소개
학습 내용	①자기 소개 방법에 대해 듣는다. (테이프 시간 : 6분 14초) ②〈문법·문형〉 ～たいです, ～のが好きです
연습 요령	

- I　단계 : 테이프를 듣고, 해당하는 그림에 번호를 적는다.
- II　단계 : 테이프를 듣고, 해당하는 말에 체크(√)를 한다 (3은 하나의 대화에서 두 사람에 대한 정보를 알아듣는 연습이다).

Ⅰ. テープを聞いて、番号を書きなさい。

II. テープを聞いて、例のようにチェック（✓）しなさい。

		例	1	2	3	
		リン	キム	チン	やまだ	いまい
趣味	テニス	✓				
	音楽					
	水泳					
	読書					
	映画					
	ドライブ					
家族	3人					
	4人	✓				
	5人					
	9人					
将来　学校	大学	✓				
	大学院					
	専門学校					
将来　仕事	会社経営	✓				
	結婚					
	新聞社					
	コンピューター会社					
	デザイナー					
	先生					

Ⅰ．テープを聞いて、番号を書きなさい。

例）学校に入る。入学する。

1．大学を卒業する。
2．会社に勤める。
3．デザインの勉強をする。
4．学校を決める。
5．会社をやめる。
6．コンピューター関係の仕事をする。
7．先生になる。
8．大学を受験する。大学を受ける。

Ⅱ．テープを聞いて、例のようにチェックしなさい。

例）A：リン・メイシンです。今、日本語学校で日本語を勉強しています。
　　B：ご家族は何人いらっしゃいますか。
　　A：父と、母と、兄が1人、それに私です。
　　B：4人家族ですね。リンさんの趣味は何ですか。
　　A：私の趣味は、テニスです。休みの日には、いつも友達とテニスをします。
　　B：リンさんは、日本語学校を卒業してから、どうしますか。
　　A：私は、大学に入りたいです。
　　B：もう大学を決めましたか。
　　A：いいえ、まだですが、経済の勉強をしたいです。
　　B：将来は、どんな仕事をしたいですか。
　　A：そうですね、自分の会社を経営したいです。

1．B：私は、キム・ミョンスクです。今年の3月に日本へ来ました。
　　A：キムさんのご家族は何人ですか。
　　B：私を入れて5人です。両親と、兄と、姉がいます。
　　　　家族はみんな国にいます。
　　A：そうですか。…休みの日は、どんなことをしますか。
　　B：そうですね…本を読むのが好きなので、よく読書をします。音楽を聞くのも好き
　　　　です。
　　B：どんな音楽を聞きますか。
　　A：ジャズが好きです。
　　B：そうですか。将来は何をしたいですか。
　　A：私は、専門学校に入って、デザインの勉強をしたいんです。専門学校を卒業して
　　　　から、デザイナーになりたいです。
　　B：そうですか、頑張ってください。

2．A：どうぞ。
　　B：失礼します。
　　A：名前を言ってください。
　　B：チン・シュウミンと申します。

Ⅰ. 테이프를 듣고, 번호를 쓰시오.

보기 학교에 들어가다. 입학하다.

1. 대학을 졸업하다.
2. 회사에 근무하다.
3. 디자인 공부를 하다.
4. 학교를 정하다.
5. 회사를 그만두다.
6. 컴퓨터 관계의 일을 하다.
7. 선생이 되다.
8. 대학 입시를 치르다. 대학 시험을 치르다.

Ⅱ. 테이프를 듣고, 보기와 같이 체크하시오.

보기 A : 린 메이신입니다. 지금, 일본어 학교에서 일본어를 공부하고 있습니다.
B : 가족은 몇 분입니까?
A : 아버지하고, 어머니하고, 오빠가 한 사람, 그리고 저입니다.
B : 4인 가족이군요. 린 씨의 취미는 무엇입니까?
A : 제 취미는 테니스입니다. 휴일에는 언제나 친구와 테니스를 칩니다.
B : 린 씨는 일본어 학교를 졸업한 후 어떻게 하겠습니까?
A : 저는 대학에 들어가고 싶습니다.
B : 이미 대학을 정했습니까?
A : 아니오, 아직입니다만, 경제 공부를 하고 싶습니다.
B : 장래에는 어떤 일을 하고 싶습니까?
A : 글쎄요, 제 회사를 경영하고 싶습니다.

1. A : 나는 김명숙입니다. 금년 3월에 일본에 왔습니다.
 B : 김씨의 가족은 몇 분입니까?
 A : 나를 포함해서 다섯 사람입니다. 부모님과 오빠와 언니가 있습니다. 가족은 모두 고국에 있습니다.
 B : 그렇습니까. …휴일에는 어떤 일을 합니까?
 A : 글쎄요…책 읽는 것을 좋아하기 때문에, 자주 독서를 합니다. 음악을 듣는 것도 좋아합니다.
 B : 어떤 음악을 듣습니까?
 A : 재즈를 좋아합니다.
 B : 그렇습니까? 장래에는 무엇을 하고 싶습니까?
 A : 나는 전문 학교에 들어가서 디자인 공부를 하고 싶습니다. 전문 학교를 졸업한 후, 디자이너가 되고 싶습니다.
 B : 그렇습니까, 열심히 하세요.

2. A : 들어오세요.
 B : 실례하겠습니다.
 A : 이름을 말해 주세요.
 B : 진 슈민이라고 합니다.

Ａ：チンさんは、この学校を卒業してから、どうしますか。
Ｂ：はい、大学院で法律の勉強をしたいです。
Ａ：大学院はもう決めましたか。
Ｂ：はい。東都大学の大学院に入りたいです。
Ａ：もう大学へ行きましたか。
Ｂ：はい、先週の金曜日に先生に会いました。いろいろな専門の話をしました。また
　　来週行きます。
Ａ：そうですか。大学院で勉強してからどうしますか。
Ｂ：まだはっきり決めていませんが、大学で教えたいです。
Ａ：先生になるんですか。ご家族はどこにいらっしゃいますか。
Ｂ：主人と子供が日本にいます。今、一緒に住んでいます。
Ａ：ああ、結婚していらっしゃるんですね。お子さんもいらっしゃるんですか。
Ｂ：ええ、１人います。まだ１歳なんですよ。
Ａ：じゃ、うちで勉強するのは大変でしょう。
Ｂ：ええ。毎日図書館で勉強します。でも、休みの日には、子供と一緒にプールへ行
　　きます。私は泳ぐのが好きなんです。
Ａ：いいですね。じゃ、頑張ってください。
Ｂ：はい。

3．Ａ：初めまして。山田一郎です。
　　Ｂ：こんにちは、今井純子です。よろしくお願いします。
　　Ａ：よろしくお願いします。…今井さんは仕事をしていらっしゃいますか。
　　Ｂ：ええ。コンピューター関係の仕事をしています。
　　Ａ：へえ。何年ぐらい働いていますか。
　　Ｂ：今の会社では３年前からです。仕事は楽しいです。でも…。
　　Ａ：でも？
　　Ｂ：ええ、早く結婚したいと思っているんです。
　　Ａ：ふうん、結婚ですか。
　　Ｂ：山田さんはどんな仕事をしているんですか。
　　Ａ：私はまだ学生なんです。
　　Ｂ：へえ、そうですか。何を勉強しているんですか。
　　Ａ：韓国語です。
　　Ｂ：韓国語ですか。
　　Ａ：ええ。
　　Ｂ：将来はどんな仕事をしたいですか。
　　Ａ：まだはっきり決めていないんですが、新聞社で仕事をしたいと思っています。
　　Ｂ：いいですね。ご家族と一緒に住んでいますか。
　　Ａ：いいえ、両親は大阪に住んでいます。私はアパートに１人で住んでいます。
　　Ｂ：まあ…家族は３人だけですか。
　　Ａ：ええ。今井さんは何人家族ですか。

A : 진 씨는 이 학교를 졸업한 후, 어떻게 하겠습니까?
B : 예, 대학원에서 법률 공부를 하고 싶습니다.
A : 대학원은 벌써 정했습니까?
B : 예. 도또대학교의 대학원에 들어가고 싶습니다.
A : 이미 대학교에 갔었습니까?
B : 예, 지난 주 금요일에 선생님을 만났습니다. 여러 가지 전문적인 이야기를 하였
    습니다. 내주 또 갈 것입니다.
A : 그렇습니까. 대학원에서 공부한 후에 어떻게 하겠습니까?
B : 아직 확실히 정하지 않았습니다만, 대학에서 가르치고 싶습니다.
A : 선생님이 되는 겁니까? 가족은 어디 계십니까?
B : 남편과 아이가 일본에 있습니다. 지금 함께 살고 있습니다.
A : 아아, 결혼하셨군요. 아이도 있습니까?
B : 예, 하나 있습니다. 아직 한 살입니다.
A : 그럼, 집에서 공부하는 건 힘들겠군요.
B : 예, 매일 도서관에서 공부합니다. 하지만, 휴일에는 아이와 함께 풀에 갑니다. 저는
    수영을 좋아하거든요.
A : 좋은 일이군요. 그럼 힘내세요.
B : 예.

3. A : 처음 뵙겠습니다. 야마다 이찌로입니다.
   B : 안녕하세요, 이마이 준꼬입니다. 잘 부탁합니다.
   A : 잘 부탁합니다. …이마이 씨는 직업을 갖고 계십니까?
   B : 예. 컴퓨터 관계의 일을 하고 있습니다.
   A : 허. 몇 년 정도 일하고 있습니까?
   B : 지금의 회사에서는 3년 전부터입니다. 일은 즐겁습니다. 하지만….
   A : 하지만?
   B : 예, 빨리 결혼하고 싶은 생각이 듭니다.
   A : 흠, 결혼입니까?
   B : 야마다 씨는 어떤 일을 하고 있습니까?
   A : 저는 아직 학생입니다.
   B : 어머, 그렇습니까? 무엇을 공부하고 있습니까?
   A : 한국어입니다.
   B : 한국어입니까?
   A : 예.
   B : 장래에는 어떤 일을 하고 싶습니까?
   A : 아직 확실히 정하지 않았지만, 신문사에서 일을 하고 싶습니다.
   B : 좋군요. 가족과 함께 살고 있습니까?
   A : 아니오, 부모님은 오사까에 살고 있습니다. 나는 아파트에서 혼자 살고 있습니다.
   B : 어머나…, 가족은 세 사람뿐입니까?
   A : 예. 이마이 씨는 가족이 몇 사람입니까?

Ｂ：多いんですよ。兄が２人、姉が１人、弟が２人います。それから、祖母と、両親
　　と、私で、９人です。
Ａ：へえ。じゃ、にぎやかでしょう。
Ｂ：ええ。いつもうるさくて大変なんですよ。
Ａ：今井さんの趣味は何ですか。
Ｂ：私は映画を見るのが好きなんです。１か月にだいたい５本ぐらい見ます。山田さ
　　んは、休みの日は何をしますか。
Ａ：私はドライブが好きです。楽しいですよ。
Ｂ：いいですねえ。私も行きたいわ。
Ａ：じゃあ、今度一緒に行きましょう。
Ｂ：ええ。

B : 많습니다. 오빠가 두 사람, 언니가 한 사람, 남동생이 두 사람 있습니다. 그리고
   할머니하고, 부모님하고, 저하고 해서 아홉 사람입니다.
A : 아이고. 그러면 떠들썩하겠군요.
B : 예. 언제나 시끄러워서 큰일입니다.
A : 이마이 씨의 취미는 무엇입니까?
B : 나는 영화 보는 것을 좋아합니다. 한 달에 대개 다섯 편쯤 봅니다. 야마다 씨는
   휴일에는 무엇을 합니까?
A : 나는 드라이브를 좋아합니다. 즐겁지요.
B : 좋겠군요. 나도 가고 싶은데요.
A : 그럼, 이번에 함께 갑시다.
B : 예.

I．

例	8	4
7	1	6
2	5	3

II．　1．<u>趣味</u>：音楽、読書　<u>家族</u>：5人　<u>将来</u>：専門学校、デザイナー
　　　2．<u>趣味</u>：水泳　　　　<u>家族</u>：3人　<u>将来</u>：大学院、先生
　　　3．やまだ＝<u>趣味</u>：ドライブ　<u>家族</u>：3人　<u>将来</u>：新聞社
　　　　　いまい＝<u>趣味</u>：映画　　　<u>家族</u>：9人　<u>将来</u>：結婚

제 11 과(2)

私の家族
나의 가족

토픽·어휘	가족에 관계되는 말
학습 내용	가족의 구성에 관하여 듣는다. (테이프 시간 : 6분 13초)

연습 요령

- Ⅰ 단계 : ①테이프를 듣고, 해당하는 사람에 번호를 기입한다. 본인(□표시)을 중심으로 대화가 진행된다.

  ②가계도에서 부부는 2중선이며, 형제의 경우에는 그림에서 오른쪽이 연장자이다.

- Ⅱ 단계 : ①테이프를 듣고, 해당하는 사람에 번호를 기입한다. 공란의 부분은 본인을 가리킨다.

  ②가계도를 보는 방법은 Ⅰ의 경우와 같다. ×표시는 「사망」을 뜻한다.

  ③대화의 내용에 구애받지 않고, 가족 구성을 생각하도록 주의한다.

Ⅰ－１．テープを聞いて番号を書きなさい。

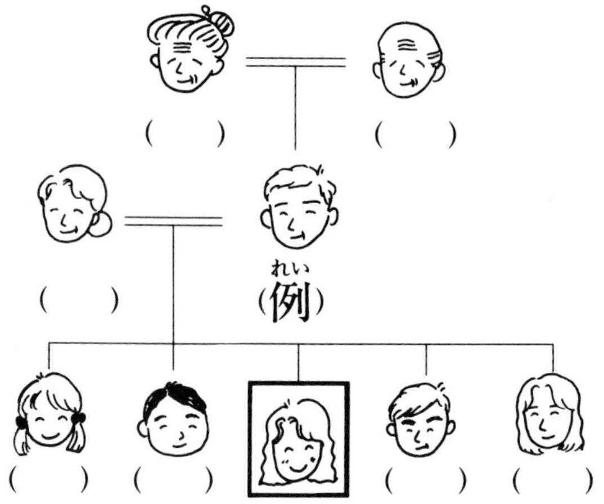

Ⅰ－２．テープを聞いて番号を書きなさい。

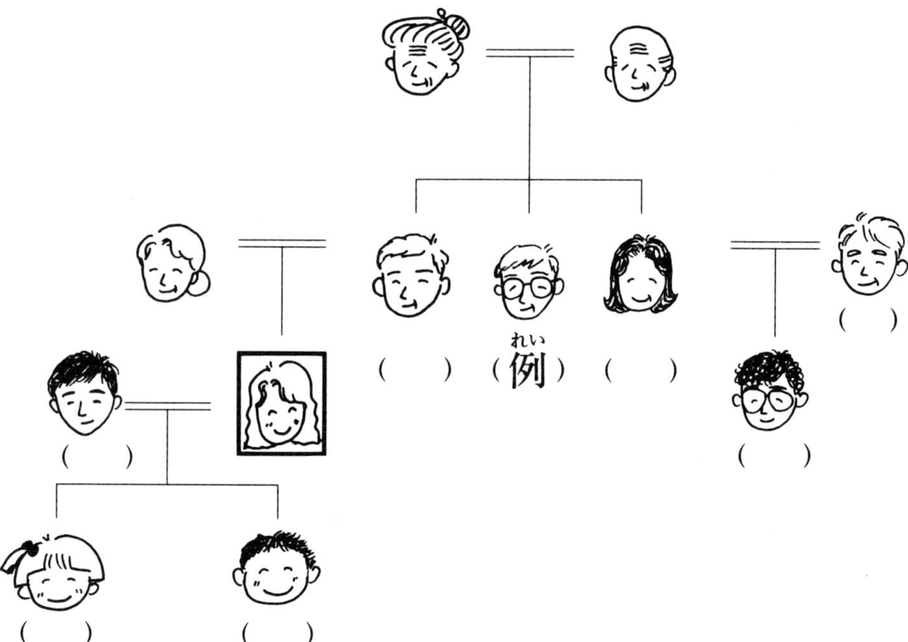

II. テープを聞いて番号を書きなさい。

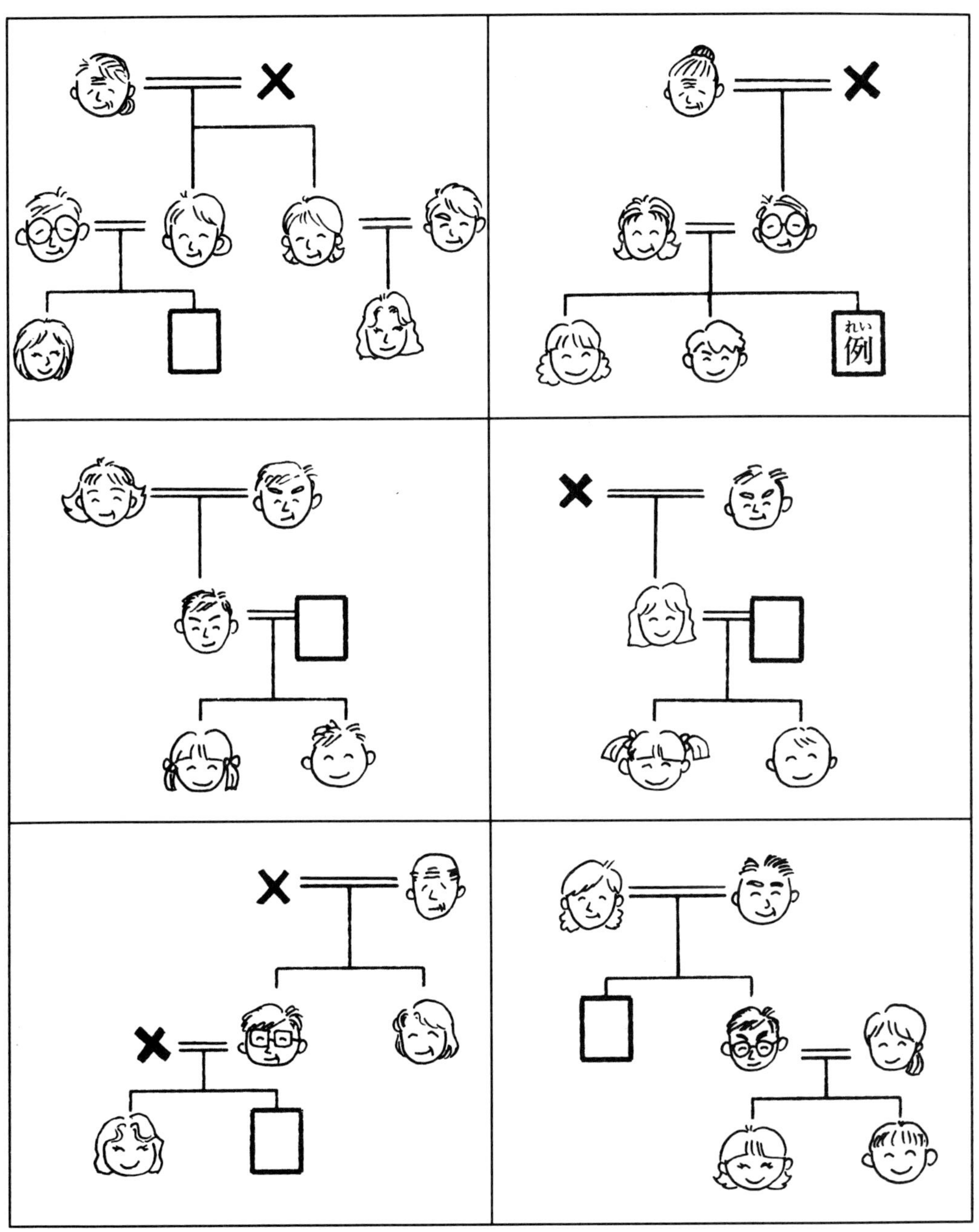

Ⅰ－１．テープを聞いて番号を書きなさい。

例）Ａ：私の父です。
　　Ｂ：ああ、お父さんですか。

１．Ａ：私の兄です。
　　Ｂ：あ、お兄さん、ハンサムですね。
２．Ａ：私の祖父です。
　　Ｂ：おじいさんは、仕事をしていますか。
　　Ａ：いいえ、していません。
３．Ａ：私の妹です。
　　Ｂ：へえ、妹さん。かわいいですね。
４．Ａ：私の母です。
　　Ｂ：まあ、きれいなお母さん。いいですねえ。
５．Ａ：私の弟です。
　　Ｂ：あら、弟さんは高校生ですか。
　　Ａ：ええ。
６．Ａ：私の祖母です。
　　Ｂ：え、おばあさん。何歳ですか。
　　Ａ：70歳…かな。
７．Ａ：私の姉です。
　　Ｂ：お姉さんは会社員ですか。
　　Ａ：はい、そうです。

Ⅰ－２．テープを聞いて番号を書きなさい。

例）私のおじです。父の兄です。今、コンピューター会社に勤めています。
１．これは、おばです。父より５歳年上です。仕事はしていません。
２．私のいとこです。おばの子供で、今、大学院生です。
３．私の息子です。来年、小学生です。男の子ですから、スポーツが好きです。
４．私の娘です。まだ、小さいので学校へは行っていません。
５．私の主人です。高校の英語の先生です。休みは日曜日だけです。

Ⅱ．テープを聞いて番号を書きなさい。

例）Ａ：けいこさん、夏休みにどこかへ行きますか。
　　Ｂ：ええと、弟と、妹と、３人で北海道へ行きます。
　　Ａ：へえ、北海道ですか。いいですねえ。
　　Ｂ：弟も、妹も、北海道へ行きたい、行きたいって、うるさいんですよ。私は去年も
　　　　行ったんですけどね。

Ⅰ-1. 테이프를 듣고 번호를 쓰시오.

 A : 나의(우리) 아버지입니다.
　　　B : 아아, 아버님이세요 ?

1. A : 나의 오빠입니다.
　　B : 아, 오빠, 핸섬하시군요.
2. A : 나의(우리) 할아버지입니다.
　　B : 할아버지께서는 일을 하십니까 ?
　　A : 아니오, 하시지 않습니다.
3. A : 내 누이동생입니다.
　　B : 어머나, 누이동생. 귀엽군요.
4. A : 나의(우리) 어머니입니다.
　　B : 어머나, 고운 어머님. 좋겠는데요.
5. A : 내 동생입니다.
　　B : 어머, 동생은 고등학생입니까 ?
　　A : 예.
6. B : 나의(우리) 할머니입니다.
　　A : 예 ? 할머님. 몇 세십니까 ?
　　B : 70세던가 ?
7. A : 나의 언니입니다.
　　B : 언니는 회사원입니까 ?
　　A : 예, 그렇습니다.

Ⅰ-2. 테이프를 듣고 번호를 쓰시오.

 나의 큰아버지입니다. 아버지의 형입니다. 지금, 컴퓨터 회사에 근무하고 있습니다.
1. 이 분은 고모입니다. 아버지보다 다섯 살 연상입니다. 일은 하지 않습니다.
2. 나의 사촌입니다. 고모의 아이로, 지금 대학원생입니다.
3. 내 아들입니다. 내년에 국민 학생이 됩니다. 사내아이라서, 스포츠를 좋아합니다.
4. 내 딸입니다. 아직 어리기 때문에 학교에는 다니지 않습니다.
5. 나의 남편입니다. 고등학교 영어 선생입니다. 휴일은 일요일뿐입니다.

Ⅱ. 테이프를 듣고 번호를 쓰시오.

 A : 게이꼬 양, 여름 휴가에 어딘가 갑니까 ?
　　　B : 저, 남동생하고, 여동생하고, 셋이서 혹까이도에 갑니다.
　　　A : 어머, 혹까이도입니까 ? 좋겠군요.
　　　B : 동생도, 누이동생도 혹까이도에 가고 싶다, 가고 싶다고 하며 시끄럽거든요.
　　　　　나는 작년에도 갔었는데 말이지요.

　　　Ａ：まあ、兄弟３人で行くのも、楽しいですよ。…お父さんやお母さんは一緒にいら
　　　　　っしゃらないんですか。
　　　Ｂ：ええ。80歳の祖母がいて、大変だから。
　　　Ａ：え、おじいさんは。
　　　Ｂ：２年前に亡くなりました。
　　　Ａ：ああ、そうですか…。
　　　Ｂ：ええ。それで、父も母も、夏はずっとうちにいます。

1．Ａ：一郎さん、この前の日曜日に、きれいな女の人と一緒に新宿を歩いていたでしょう。
　　　Ｂ：え、日曜日。
　　　Ａ：そうですよ。お昼ごろ。
　　　Ｂ：えっと…ああ、わかりました。あれはね、私のいとこです。
　　　Ａ：いとこ。
　　　Ｂ：ええ。母の妹の娘です。
　　　Ａ：へえ。とてもきれいな人ですね。
　　　Ｂ：そうでしょう。私の母も、おばも、それから祖母もきれいですから。
　　　Ａ：一郎さんのおばあさんは何歳ですか。
　　　Ｂ：70歳ぐらいですが、まだ元気ですよ。
　　　Ａ：おじいさんは。
　　　Ｂ：もう亡くなりました。
　　　Ａ：そうですか。一郎さんのうちは、女の人がみんなきれいでいいですね。妹さんも
　　　　　きれいだし…。
　　　Ｂ：ええ。でも、父も私もあまりハンサムじゃありません。
　　　Ａ：そんなことないですよ。ハンサムですよ、一郎さんも。

2．Ａ：先生、先生は、あのう…結婚していらっしゃいますか。
　　　Ｂ：いいえ、まだ結婚していません。
　　　Ａ：じゃ、ボーイフレンドはいらっしゃいますか。
　　　Ｂ：それは…秘密です。
　　　Ａ：先生は、ご家族と一緒に住んでいらっしゃいますか。
　　　Ｂ：ええ。両親と兄と兄の奥さんと、兄の子供２人、みんな一緒に住んでいます。
　　　Ａ：へえ、お兄さんの子供さんも…男の子ですか、女の子ですか。
　　　Ｂ：男の子が１人と、女の子が１人です。
　　　Ａ：先生のうちはにぎやかですか。
　　　Ｂ：はい、とてもにぎやかですよ。

3．Ａ：あきこさん、新しいうちはどうですか。
　　　Ｂ：ええ。とてもきれいなうちなんです。でも…。
　　　Ａ：でも？
　　　Ｂ：ええ…部屋が３つだけなんです。１つは、主人の両親が使っています。それから、

A : 어쨌든, 형제 셋이서 가는 것도 즐거워요. …아버님이나 어머님은 함께 가시지 않아
　　요?
B : 예. 80세 되는 할머니가 계셔서, 힘들어서요.
A : 예? 할아버님은?
B : 2년 전에 돌아가셨습니다.
A : 아아, 그렇습니까….
B : 예. 그래서, 아버지도 어머니도 여름에는 내내 집에 계실 거예요.

1. A : 이찌로 씨, 요전 일요일에 아름다운 여성과 함께 신주꾸를 걷고 있었지요?
　　B : 예? 일요일?
　　A : 그래요. 점심때쯤.
　　B : 저…아아, 알았습니다. 그 여성은요, 내 사촌입니다.
　　A : 사촌?
　　B : 예. 어머니 누이동생(이모)의 딸입니다.
　　A : 그래요? 아주 예쁜 여자던데요.
　　B : 그렇겠지요. 나의 어머니도, 이모도, 그리고 할머니도 예쁘시니까요.
　　A : 이찌로 씨의 할머님은 몇 세십니까?
　　B : 70세 정도인데, 아직 건강합니다.
　　A : 할아버님은?
　　B : 벌써 돌아가셨습니다.
　　A : 그렇습니까? 이찌로 씨의 집은 여자들이 모두 예뻐서 좋겠군요. 여동생도 예쁘
　　　　고….
　　B : 예. 하지만, 아버지도 저도 그다지 핸섬하지 않습니다.
　　A : 그렇지 않아요. 핸섬합니다, 이찌로 씨도.

2. A : 선생님, 선생님은, 저…결혼하셨습니까?
　　B : 아니오, 아직 결혼하지 않았어요.
　　A : 그럼, 보이 프렌드는 있으세요?
　　B : 그건…비밀이에요.
　　A : 선생님은 가족과 함께 살고 계십니까?
　　B : 네, 양친하고 오빠와 오빠의 부인과 오빠의 아이 둘과 모두 함께 살고 있습니다.
　　A : 저런, 오빠의 자녀분도…사내아이입니까, 여자아이입니까?
　　B : 사내아이가 하나, 여자아이가 하나입니다.
　　A : 선생님 댁은 떠들썩하겠군요.
　　B : 예, 아주 떠들썩합니다.

3. A : 아끼꼬 씨, 새 집은 어떻습니까?
　　B : 예, 아주 깨끗한 집이에요. 하지만….
　　A : 하지만?
　　B : 예…방이 세 개뿐이에요. 하나는, 시부모님이 쓰고 있습니다. 그리고 하나는 남

　　　　1つは主人が使って、あと1つは、息子と娘が一緒に使っています。
　　A：ふうん…お子さんは小学生ですよね。
　　B：ええ。でも、大きくなって、中学生や高校生になると、2人一緒じゃねえ…。
　　A：そうですねえ。男の子と女の子だしね。

4．A：あのう、しずかさん。
　　B：何、太郎さん。
　　A：あのう…今度の日曜日に、うちへ遊びに来ませんか。
　　B：え、太郎さんのうちへ。
　　A：ええ。あのう…しずかさんを家族に紹介したいんです。
　　B：太郎さんのご家族って、お父さんと、お母さんと…。
　　A：あっ、母は亡くなりましたが、父と、祖父と、それから妹が1人います。祖母も
　　　　亡くなりました。
　　B：妹さんがいらっしゃるんですか。
　　A：そうなんです。それから、おばが1人います。一緒に住んでいます。
　　B：おばさん。
　　A：ええ、父の姉なんです。
　　B：ああ、お父さんのお姉さんですか。
　　A：ええ。いつも、家族にしずかさんのことをたくさん話すんですよ。
　　B：まあ…。
　　A：来てくださいよ。

편이 쓰고, 나머지는 아들과 딸이 함께 쓰고 있습니다.
A : 으응…자녀는 국민 학생이지요?
B : 예. 하지만, 커서 중학생이나 고등학생이 되면, 둘이 함께 있는 건….
A : 그렇겠군요. 사내아이와 여자아이이고 하니.

4. A : 저…, 시즈까 씨.
   B : 뭐지요, 다로 씨.
   A : 저…이번 일요일에 집에 놀러 오지 않겠습니까?
   B : 예? 다로 씨 집에?
   A : 예. 저…시즈까 씨를 가족에게 소개하고 싶습니다.
   B : 다로 씨의 가족이라고 하면, 아버님하고 어머님하고….
   A : 아, 어머니는 돌아가셨지만, 아버지와 할아버지, 그리고 여동생이 한 명 있습니다.
      할머니도 돌아가셨습니다.
   A : 여동생이 있으시군요.
   B : 그렇습니다. 그리고 아주머니가 한 사람 있습니다. 함께 살고 있습니다.
   A : 아주머니?
   B : 예, 아버지의 누나(고모)입니다.
   A : 아아, 고모님이시군요.
   B : 예. 항상 가족에게 시즈까 씨에 관해 이야기를 많이 하고 있답니다.
   A : 어머나….
   B : 와 주세요.

Ⅰ 1.

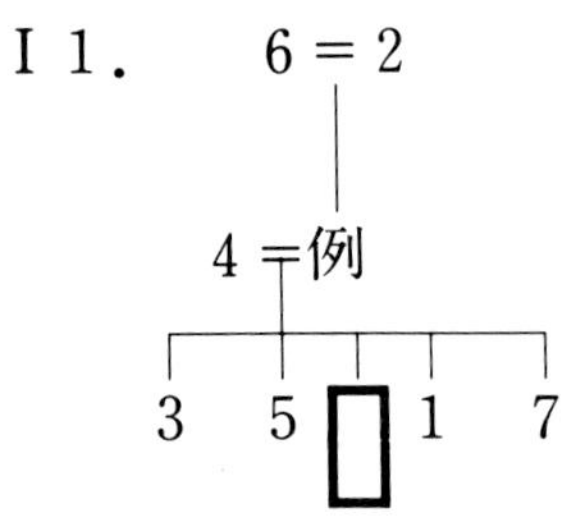

Ⅰ 2.

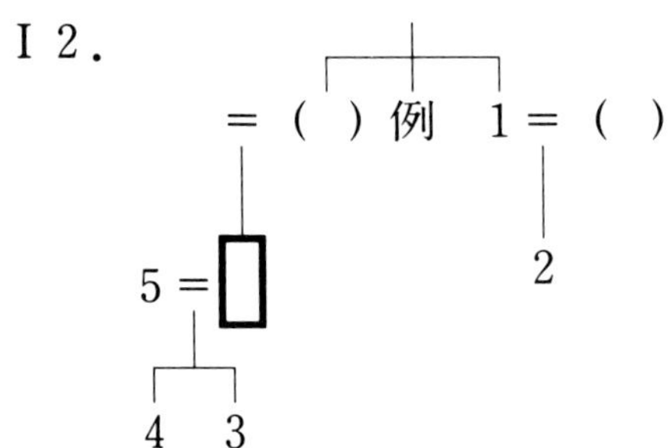

Ⅱ.

1	例
3	
4	2

제 12 과(1)

料理教室

요리 교실

토픽·어휘 요리

학습 내용 요리하는 순서를 듣는다. (테이프 시간 : 4분 23초)

연습 요령

- I　단계 : 테이프를 듣고, 해당하는 그림에 번호를 기입한다.
- II-1단계 : 어떤 재료가 준비되어 있는가를 확인한 후, 테이프를 듣고, 해당하는 그림에 숫자를 기입한다.
- II-2단계 : 그림을 보고 요리하는 순서를 생각한 다음 번호를 기입한다. 그 후 테이프를 듣고 올바른 번호로 고친다.

I. テープを聞いて番号を書きなさい。

II−1. テープを聞いて、数字をメモしなさい。

材料（4人分）

牛肉	＿＿＿＿＿g		バター	大さじ＿＿＿	
玉ねぎ	大＿＿＿個		カレー粉	大さじ＿＿＿	
じゃがいも	＿＿＿＿個		塩	小さじ＿＿＿	
にんじん	小＿＿＿本		水	＿＿＿カップ	

II—2．絵を見て作り方の順番を考えて、番号を書きなさい。その後で、テープを聞いて正しい順番に直しなさい。

Ⅰ．テープを聞いて番号を書きなさい。

例）肉を切る

1．たまねぎを小さく切る 5．火を強くする
2．にんじんを炒める 6．塩を入れる
3．弱火で煮る 7．火を止める
4．フライパンを熱する 8．にんじんを適当に切る

Ⅱ－1．テープを聞いて、数字をメモしなさい。

A：こんにちは。料理教室の時間です。今日は、ビーフカレーです。それでは、まず、4
　人分の材料です。牛肉500ｇ、たまねぎは大きいものを1個、じゃがいも2個、それか
　ら、にんじんは小さいものを2本です。そして、調味料は、まず、バター大さじ4、
　カレー粉大さじ3、塩小さじ1、最後に、水6カップです。

Ⅱ－2．絵を見て作り方の順番を考えて、番号を書きなさい。その後でテープを聞いて、
　　　　正しい順番に直しなさい。

A：では、先生、作り方のほうをお願いします。
B：はい。では、まず、牛肉を切ります。そうですね…3㎝ぐらいに切ります。
A：3㎝ぐらいですね。
B：はい、そうです。それから、たまねぎですが、たまねぎはとても小さく切ります。
A：先生、このぐらいでいいですか。
B：そうそう、それでいいです。
A：それからどうしますか。
B：それから、フライパンにバター大さじ1を入れて、たまねぎを炒めます。油でもいい
　ですが、バターを使うと、おいしくなります。
A：そうですか。どのぐらい炒めますか。
B：ええと、2、3分炒めると、茶色くなります。茶色くなるまでゆっくり炒めてくださ
　い。
A：はい。
B：次に、なべを熱して、バター大さじ2を入れて、強火で牛肉を炒めます。
A：強火ですね。
B：はい。牛肉も、いい色になるまで炒めてください。そして、カレー粉を入れて、また
　少し炒めます。それから、たまねぎも入れて、また炒めます。
A：たまねぎは、さっきフライパンで炒めたたまねぎですね。
B：はい、そうです。
A：わあ、いい匂いですね。
B：そうですね。その次は、水を入れます。
A：水6カップ全部入れますか。

Ⅰ. 테이프를 듣고 번호를 쓰시오.

보기　고기를 썰다.
1. 양파를 작게 썰다.
2. 당근을 기름에 볶다.
3. 약한 불로 끓이다.
4. 프라이팬을 달구다.
5. 불을 세게 하다.
6. 소금을 넣다.
7. 불을 *끄다.*
8. 당근을 적당히 썰다.

Ⅱ-1. 테이프를 듣고, 숫자를 메모하시오.

A : 안녕하십니까? 요리 교실 시간입니다. 오늘은 비프카레입니다. 그러면, 먼저 4인분의 재료입니다. 쇠고기 500g, 양파는 큰 것을 한 개, 감자 두 개, 그리고 당근은 작은 것을 두 개 준비합니다. 그리고 조미료는 먼저, 버터 네 큰술, 카레 가루 세 큰술, 소금은 작은 숟가락으로 한 개, 마지막으로 물 여섯 컵을 준비합니다.

Ⅱ-2. 그림을 보고 만드는 법의 순서를 생각하고, 번호를 쓰시오. 그 후에 테이프를 듣고, 올바른 순서대로 고치시오.

A : 그러면, 선생님, 만드는 법에 대해 부탁드립니다.
B : 예. 그러면, 먼저 쇠고기를 썹니다. 글쎄, 한 3cm 정도로 썹니다.
A : 3cm 정도 말이지요.
B : 예, 그렇습니다. 그리고 양파인데, 양파는 아주 작게 썹니다.
A : 선생님, 이 정도로 되겠습니까?
B : 네, 네, 그것으로 됐어요.
A : 다음은 어떻게 합니까?
B : 그 다음은, 프라이팬에 버터 한 큰술을 넣고, 양파를 볶습니다. 기름으로도 됩니다만, 버터를 사용하면 맛이 좋아집니다.
A : 그렇습니까? 어느 정도 볶습니까?
B : 저…, 2, 3분 정도 볶으면, 갈색이 됩니다.
　　갈색으로 될 때까지 천천히 볶으십시오.
A : 예.
B : 다음은 냄비를 달구어, 버터 두 큰술을 넣고, 강한 불로 쇠고기를 볶습니다.
A : 강한 불로 말이죠.
B : 예. 쇠고기도 색이 좋아질 때까지 볶으십시오. 그리고, 카레 가루를 넣고, 또 조금 볶습니다. 그리고 나서 양파를 넣고 또 볶습니다.
A : 양파는 아까 프라이팬에다 볶은 양파지요.
B : 예, 그렇습니다.
A : 어머, 좋은 냄새군요.
B : 그렇지요. 그 다음은 물을 넣습니다.
A : 물 여섯 컵 모두 넣습니까?

Ｂ：はい。全部入れてください。それから、塩も入れてください。

Ａ：塩は、小さじ１ですね。

Ｂ：はい。それで、火を弱くして、１時間半ぐらい、肉が柔らかくなるまで煮ます。

Ａ：弱火で、１時間半ぐらい、ですね。

Ｂ：ええ、ゆっくり煮ます。この時に、じゃがいもとにんじんを切ります。そして、その
　　じゃがいもとにんじんを、バター大さじ１で炒めます。

Ａ：はい。

Ｂ：炒めたじゃがいもとにんじんを、なべに入れて、火を強くします。

Ａ：なべに入れて、強火ですね。

Ｂ：はい、15分ぐらい煮ると、できあがりです。

Ａ：わあ、おいしそうですね。

Ｂ：ええ。

Ａ：これをごはんの上にかけて食べるんですね。

Ｂ：そうです。きょうのポイントは、たまねぎの炒め方です。ゆっくり、よく炒めると、
　　おいしくなります。それから、りんごを入れるとおいしくなりますよ。

Ａ：そうですか。先生、きょうはどうもありがとうございました。

B : 예. 모두 넣으세요. 그리고 소금도 넣으십시오.

A : 소금은 작은 숟가락으로 하나지요.

B : 예. 그리고, 불을 약하게 하여 한 시간 반쯤, 쇠고기가 연해질 때까지 끓입니다.

A : 약한 불로 한 시간 반쯤 말이죠.

B : 예. 푹 끓입니다. 이때에 감자와 당근을 썹니다. 그리고 그 감자와 당근을, 버터 한 큰술에 볶습니다.

A : 예.

B : 볶은 감자와 당근을 냄비에 넣고 불을 세게 합니다.

A : 냄비에 넣고, 강한 불로 말이죠 ?

B : 예, 15분쯤 끓이면 다 됩니다.

A : 와, 맛있어 보이는군요.

B : 예.

A : 이것을 밥 위에 얹어서 먹는 거지요.

B : 그렇습니다. 오늘의 요점은 양파를 볶는 방법입니다. 천천히 잘 볶으면 맛이 좋아 집니다. 그리고 나서 사과를 넣으면 맛이 좋아지지요.

A : 그렇습니까 ? 선생님, 오늘은 대단히 감사합니다.

I .

8	例	4
1	6	3
5	2	7

II 1．牛肉：500ｇ　玉ねぎ：大1個　じゃがいも：2個　にんじん：小2本
　　　バター：大さじ4　カレー粉：大さじ3　塩：小さじ1　水：6カップ

II 2．

9	7	6
5	例1	8
2	3	4

제 12 과(2)

絵をかいてください。

그림을 그려 주십시오.

토픽·어휘	도형에 관계되는 말
학습 내용	①지시하는 대로 도형을 그린다. (테이프 시간 : 3분 43초) ②〈문법·문형〉 ～てください, 형용사＋동사
연습 요령	

- I 　단계 : 도형 용어를 듣는 연습을 한다.
- II 　단계 : 테이프를 듣고, 그림을 그린다.

Ⅰ. 聞いてください。

1	**2**	**3**
4	**5**	**6**
7	**8**	**9**

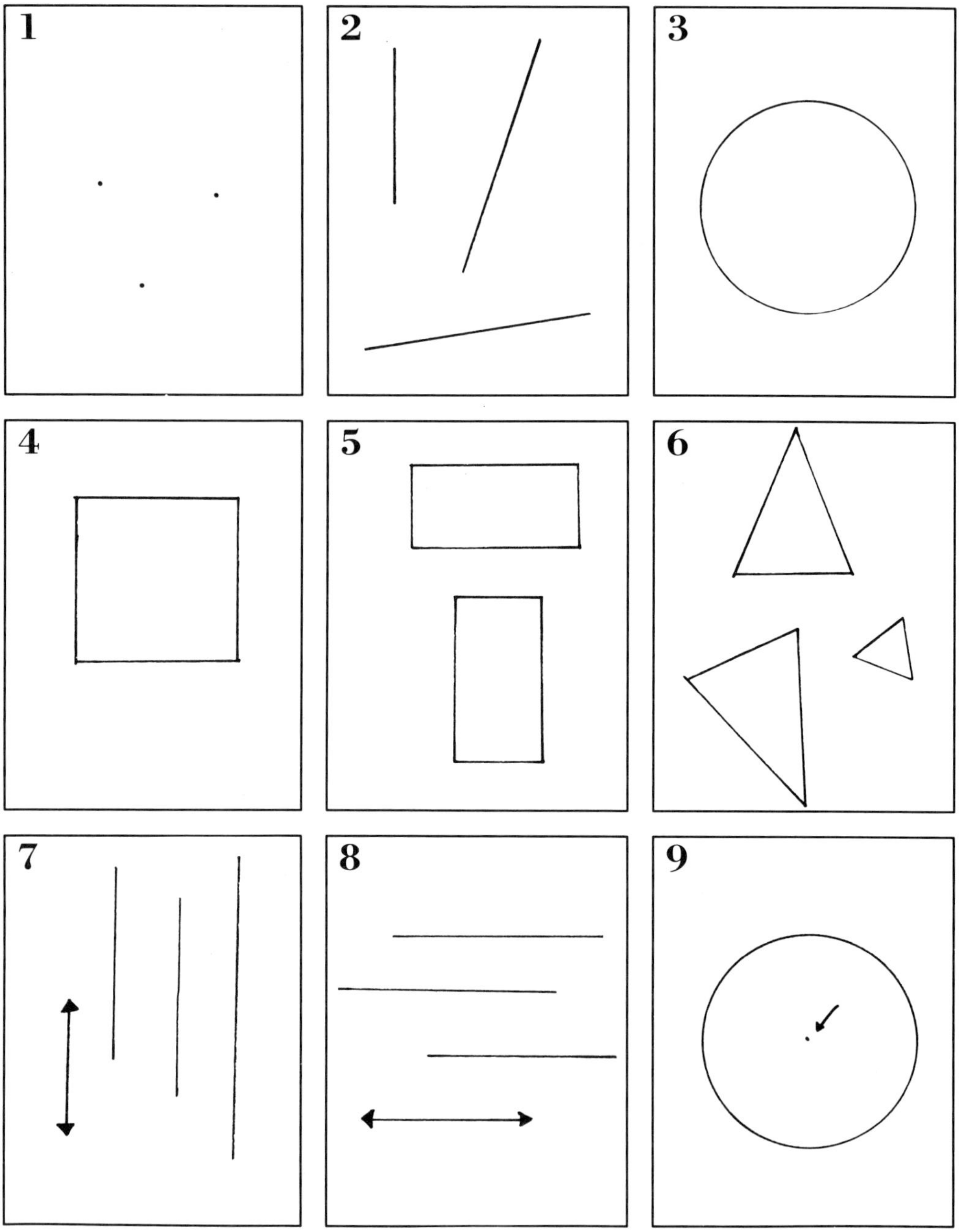

II. テープを聞いて、絵をかいてください。

例

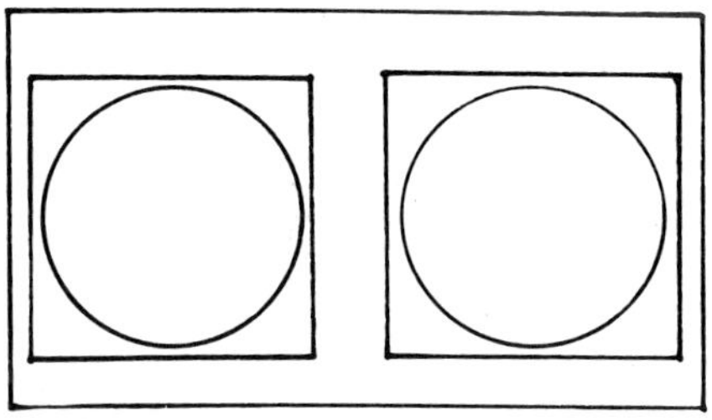

1

2

3

Ⅰ．聞いてください。

1．点です。
2．線です。
3．丸です。円です。
4．四角です。正方形です。
5．四角です。長方形です。

6．三角です。三角形です。
7．縦です。
8．横です。
9．円の真ん中です。円の中心です。

Ⅱ．テープを聞いて、絵をかいてください。

例) まず、大きい長方形を横に長くかいてください。長方形の中に、正方形を2つかいて
　　ください。2つの正方形の中に、大きい円をかいてください。

1．まず、左に、円を1つかいてください。その円の右に、もう1つ小さい円をかいてく
　　ださい。その円の右に、もう1つとても小さい円をかいてください。3つの円の真ん
　　中に、点をかいてください。左の点から真ん中の点まで、線をかいてください。真ん
　　中の点から右の点まで、線をかいてください。

2．まず、大きい丸をかいてください。大きい丸の真ん中に、小さい三角をかいてくださ
　　い。三角の上に、小さい丸を2つかいてください。2つの小さい丸の中に、点をかい
　　てください。三角の下に、横の線を少し短くかいてください。

3．まず、大きい正方形をかいてください。その中に、長方形を横に長くかいてください。
　　長方形の右下に、小さい丸を横に3つかいてください。
　　長方形を黒くしてください。

146

Ⅰ. 들으십시오.

1. 점입니다.
2. 선입니다.
3. 동그라미입니다. 원입니다.
4. 4각입니다. 정사각형입니다.
5. 4각입니다. 직사각형입니다.

6. 3각입니다. 삼각형입니다.
7. 세로입니다.
8. 가로입니다.
9. 원의 한가운데입니다. 원의 중심입니다.

Ⅱ. 테이프를 듣고, 그림을 그리시오.

보기 먼저 큰 직사각형을 가로로 길게 그리시오. 직사각형 가운데에, 정사각형을 두 개 그리시오. 두 개의 정사각형 안에 큰 원을 그리시오.

1. 먼저, 왼쪽에 원을 하나 그리시오. 그 원의 오른쪽에 작은 원을 하나 더 그리시오. 그 원의 오른쪽에 아주 작은 원을 하나 더 그리시오. 세 개의 원 한가운데에 점을 그리시오. 왼쪽의 점에서 한가운데의 점까지 선을 그리시오. 한가운데의 점에서 오른쪽의 점까지 선을 그리시오.

2. 먼저, 크게 동그라미를 그리시오. 큰 동그라미의 한가운데에 작은 삼각을 그리시오. 삼각의 위에 작은 동그라미를 두 개 그리시오. 두 개의 작은 동그라미 가운데에 점을 그리시오. 삼각의 아래에 가로의 선을 조금 짧게 그리시오.

3. 먼저, 큰 정사각형을 그리시오. 그 안에, 직사각형을 가로로 길게 그리시오. 직사각형의 오른쪽 아래에 작은 동그라미를 가로로 세 개 그리시오. 직사각형을 검게 칠하시오.

II.　1.　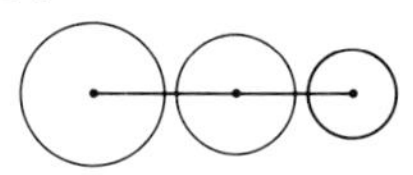　　2.　　　3.　

제 13 과

どう思いますか。

어떻게 생각합니까?

토픽·어휘	술에 대한 이미지 조사
학습 내용	①인터뷰에 나오는 여러 가지 의견을 듣고, 그 찬부를 판단한다.
	(테이프 시간 : 4분 48초)
	②〈문법·문형〉 ～と思います

연습 요령

- Ⅰ　단계 : 「좋은 이미지」에는 ○표를, 「그다지 좋지 않는 이미지」에는 ✕ 표를 기입한다.
- Ⅱ　단계 : 술에 대한 이미지 중 「좋은 이미지」와 「좋지 않은 이미지」의 해당 난에 체크 (√기호)한다. 이미지에 관한 문제이므로 애매한 판단을 할 수 있는 것도 있다.

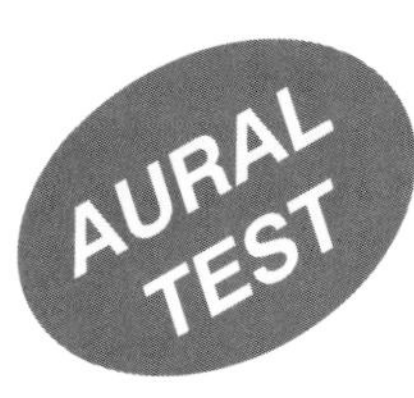

AURAL TEST

I．例のように「いいイメージ」には○を、「あまりよくないイメージ」には×を書きなさい。

例1

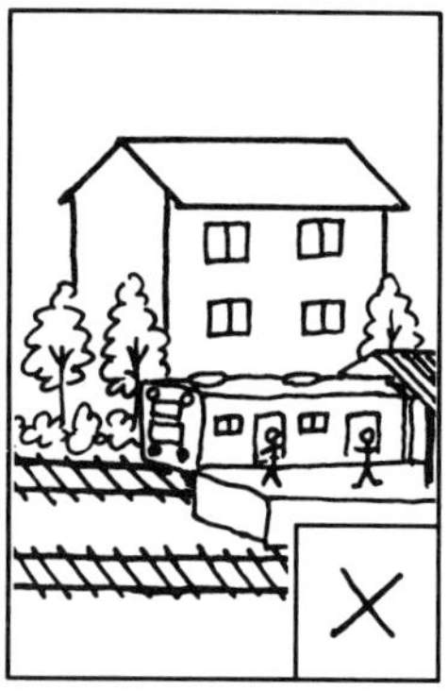

例2

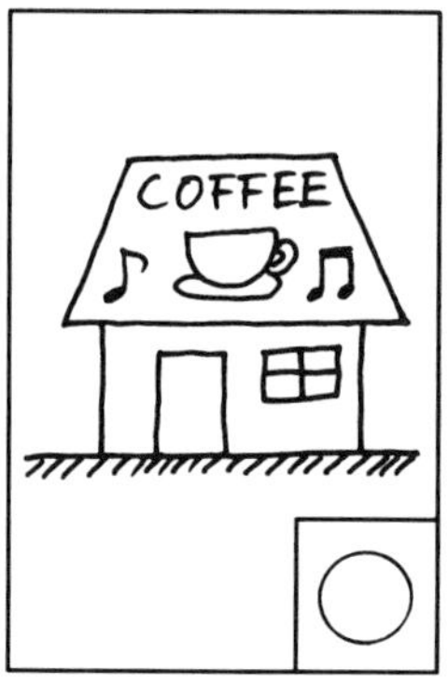

1

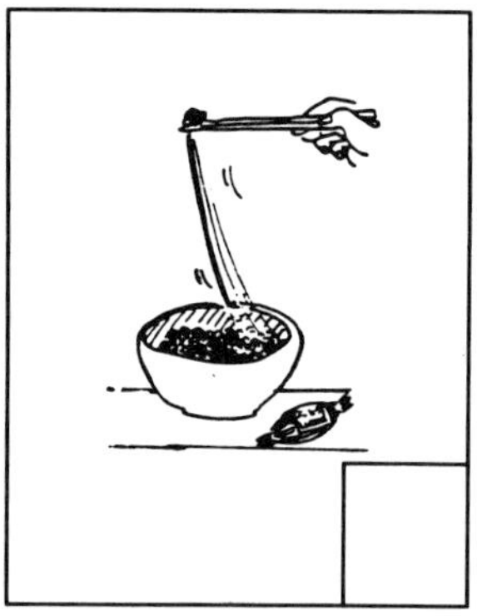

2

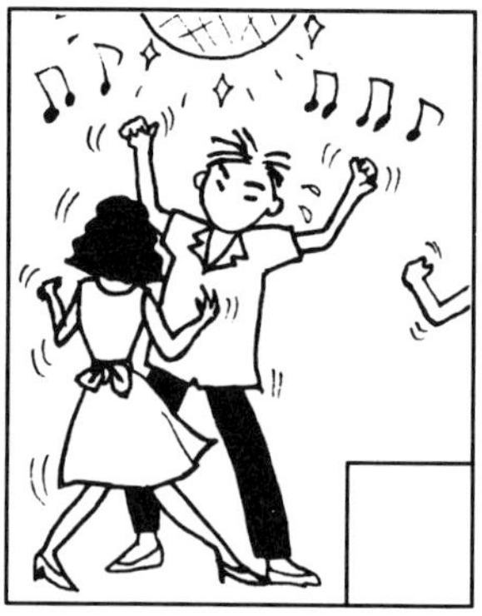

3

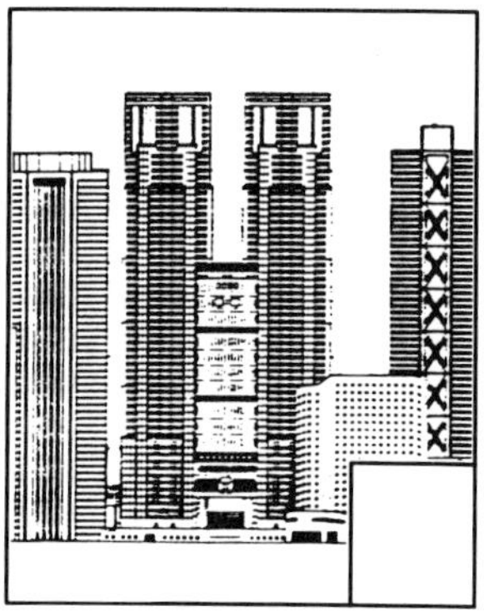

4

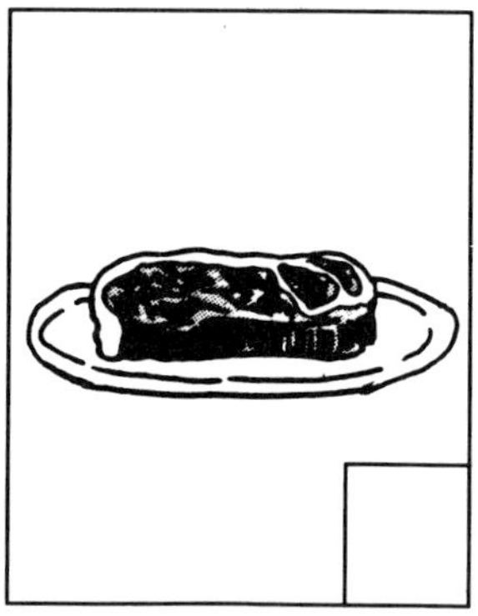

5

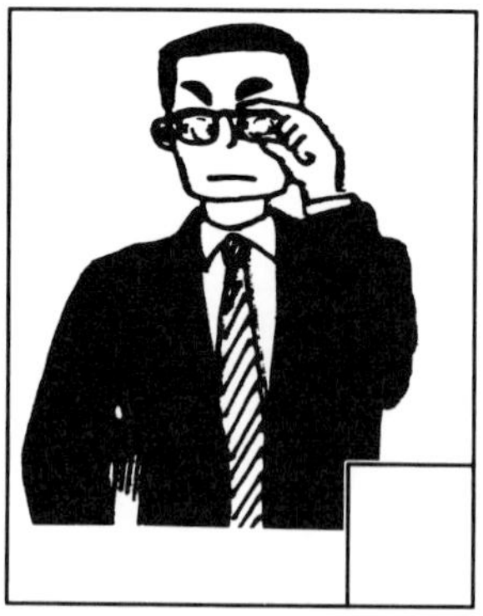

II. 例のようにチェック（ ✓ ）しなさい。

お酒のイメージ調査

	いいイメージ	よくないイメージ
例	✓	
1		
2		
3		
4		
5		
6		
7		
8		
9		
Total		

★あなたはお酒についてどう思いますか。言ってみましょう。

Ⅰ．例のように「いいイメージ」には○を、「あまりよくないイメージ」には×を書きなさい。

例1）　A：新しいアパートはどうですか。
　　　　B：駅のそばだからうるさいんです。
例2）　A：あの喫茶店はいいですね。
　　　　B：ええ、静かだし音楽もいいですよね。

　1．A：日本の食べ物はどうですか。
　　　B：そうですね。だいたい好きですけど、納豆は…。

　2．A：ディスコへはよく行きますか。
　　　B：ええ、よく行きますよ。楽しいですねえ、ディスコは。

3．A：新宿はにぎやかですね。
　　B：そうですね。お店も多いし便利です。

4．A：このお肉かたい。
　　B：本当にかたいわね。何、これ。

5．A：彼はどんな人ですか。
　　B：ん…まじめだけど…おもしろくない人ですね。

Ⅱ．例のようにチェックしなさい。

例）　A：すみません。お酒についてどう思いますか。
　　　B：お酒ですか。
　　　A：ええ。
　　　B：そうですね。お酒は…わたしは全然飲みませんが…。
　　　A：ええ。
　　　B：でもにぎやかになっていいですね。

1．A：すみません。お酒のイメージ調査なんですが…。
　　B：え、お酒。
　　A：はい、あのう、お酒についてどう思いますか。
　　B：そうですね。お酒は飲むと楽しくなるから大好きです。
　　A：あ、そうですか。ありがとうございました。

2．A：すみません。お酒についてどう思いますか。
　　B：そうですね。飲みすぎはよくないけど、少しなら健康にいいと思います。ええ、
　　　　いいと思いますね。
　　A：そうですか。ありがとうございました。

Ⅰ. 보기와 같이 「좋은 이미지」에는 ○, 「그다지 좋지 않는 이미지」에는 ×표 하시오.

보기 1 A : 새 아파트는 어떻습니까?
　　　　　B : 역 근처라서 시끄럽습니다.
보기 2 A : 그 다방은 좋지요.
　　　　　B : 예, 조용하고 음악도 좋아요.

1. A : 일본의 음식은 어떻습니까?
　 B : 글쎄요. 대체로 좋아합니다만, 난또(納豆)는….

2. A : 디스코테크에는 자주 갑니까?
　 B : 예, 자주 갑니다. 즐거워요, 디스코는.

3. A : 신주꾸는 번화하군요.
　 B : 그렇습니다. 가게도 많고 편리합니다.

4. A : 이 고기 질겨.
　 B : 정말 질기네. 뭐야, 이게.

5. A : 그이는 어떤 사람입니까?
　 B : 응…성실하지만…재미없는 사람이에요.

Ⅱ. 보기와 같이 체크하시오.

보기 A : 실례합니다. 술에 대해 어떻게 생각합니까?
　　　　B : 술이요?
　　　　A : 예.
　　　　B : 글쎄요. 술은…나는 전혀 마시지 않는데요….
　　　　A : 예.
　　　　B : 하지만 떠들썩해져서 좋습니다.

1. A : 실례합니다. 술에 대한 이미지 조사인데요….
　 B : 예? 술?
　 A : 예, 저…, 술에 대해 어떻게 생각합니까?
　 B : 글쎄요. 술은 마시면 즐거워지니까 아주 좋아합니다.
　 A : 아, 그렇습니까. 감사합니다.

2. A : 실례합니다. 술에 대해 어떻게 생각합니까?
　 B : 글쎄요. 너무 마시면 좋지 않지만, 조금이라면 건강에 좋다고 생각합니다. 네…,
　　　좋다고 생각합니다.
　 A : 그렇습니까? 감사합니다.

3．A：あのう、お酒についてどう思いますか。
　　B：そうですね。体にはあまりよくないと思います。
　　A：そうですか。
　　B：ええ、私のお友だちはお酒をたくさん飲んで病気になってしまったんです。

4．A：あのう、今お時間よろしいですか。
　　B：ええ、いいですよ。
　　A：お酒についてどう思いますか。
　　B：お酒ですか。
　　A：ええ。
　　B：お酒を飲むと料理がおいしくなるから…私は好きですよ。
　　A：ありがとうございました。

5．A：すみません。
　　B：はい、なんですか。
　　A：あのう、お酒のイメージについて調査しているんですけれど、お酒についてどう
　　　　思いますか。
　　B：お酒があったら何もいりませんね。
　　A：そうですか。よく飲むんですか。
　　B：ええ、毎日。

6．A：あのう、お酒についてどう思いますか。
　　B：え、何についてですか。
　　A：お酒についてなんですが…。
　　B：お酒について。
　　A：ええ。
　　B：そうですね…いいと思いますよ。
　　A：どうしてですか。
　　B：気分がよくなるからです。

7．A：すみません。お酒についてどう思いますか。
　　B：私はあまり好きじゃありません。
　　A：そうですか。ありがとうございました。

8．A：すみません。今いいですか。
　　B：いや、ちょっと忙しいんですけど…。
　　A：すみません。ちょっとでいいんですけど、お酒についてどう思いますか。
　　B：私は飲みませんけど…まあ、いいんじゃないですか。悪くないと思いますよ。
　　A：あっ、ありがとうございました。

3. A : 저…, 술에 대해 어떻게 생각합니까?
   B : 글쎄요. 몸에 그다지 좋지 않다고 생각합니다.
   A : 그렇습니까?
   B : 예, 내 친구는 술을 많이 마셔서 병에 걸리고 말았어요.

4. A : 저, 지금 시간 괜찮으십니까?
   B : 예, 좋습니다.
   A : 술에 대해서 어떻게 생각합니까?
   A : 술 말이에요?
   B : 예.
   B : 술을 마시면 요리 맛이 좋아져서…나는 좋아합니다.
   A : 감사합니다.

5. A : 실례합니다.
   B : 예, 무엇인지요?
   A : 저…, 술의 이미지에 대해 조사하고 있습니다만, 술에 대해 어떻게 생각합니까?
   B : 술이 있으면 아무 것도 필요없습니다.
   A : 그렇습니까? 자주 마십니까?
   B : 예, 매일.

6. A : 저…, 술에 대해 어떻게 생각합니까?
   B : 예? 무엇에 대해서 말입니까?
   A : 술에 대해서입니다만….
   B : 술에 대해서?
   A : 예.
   B : 글쎄요…좋다고 생각합니다.
   A : 어째서입니까?
   B : 기분이 좋아지기 때문입니다.

7. A : 실례합니다. 술에 대해 어떻게 생각합니까?
   B : 나는 그다지 좋아하지 않습니다.
   A : 그렇습니까? 감사합니다.

8. A : 실례합니다. 지금 괜찮습니까?
   B : 아니, 조금 바쁜데요….
   A : 미안합니다. 잠깐이면 됩니다. 술에 대해 어떻게 생각합니까?
   B : 나는 마시지 않습니다만…어쨌든 좋지 않을까요? 나쁘지 않다고 생각합니다.
   A : 아, 감사합니다.

9．A：お酒についてどう思いますか。
　　B：酔っ払いは嫌い。
　　A：酔っ払いが嫌い、というと…。
　　B：だからお酒も嫌い。

9. A : 술에 대해서 어떻게 생각합니까?
   B : 술주정꾼은 싫어.
   A : 술주정꾼을 싫어한다는 건….
   B : 그러니까 술도 싫어.

I.　1.×　2.○　3.○　4.×　5.×

II.　いいイメージ：1、2、4、5、6、8　　　よくないイメージ：3、7、9
　　　Total＝いいイメージ：7（例を含む）　　よくないイメージ：3

제14과

誰の日記ですか。

누구 일기입니까?

토픽·어휘	동사 · 형용사의 과거형으로 나타내는 말
학습 내용	①이 과에서는 기본연습 대신에 독해연습을 한다. 먼저, 내용을 이해하도록 한다. ②일기와 대화를 듣고, 누가 어느 일기를 썼는가를 알아본다. (테이프 시간 : 2분 16초) ③〈문법·문형〉 동사, 형용사의 과거형

연습 요령

- Ⅰ 단계 : 사람의 이름을 확인한 후에 시작한다. 테이프를 듣고, 일기를 쓴 사람의 이름을 골라서 그 기호를 기입한다.

読解

次の 4 つの日記を読みなさい。わからない言葉がある時は、他の人にきいたり、辞書を調べたりして、意味を考えなさい。

A

5 月15日

　きのう、リュウさんと一緒にお酒を飲んだ。たくさん飲んだので、今朝遅く起きた。11時だった。朝は何も食べたくなかった。気持ちが悪かった。テレビをつけたが、まだ日本語が上手じゃないので、全然わからなかった。テレビの日本語はとても速い。気持ちが悪かったから、また寝た。

　午後、リンさんのうちへ行った。みんなで国の料理を作って食べたが、私は気持ちが悪かったので、あまり食べなかった。5 時ごろうちへ帰った。あまり食べなかったのでおなかがすいた。冷蔵庫の中には何もなかった。スーパーでラーメンを買ってきた。明日はテストだから、お風呂に入ってから 1 時間ぐらい漢字の練習をした。もう12時だから、寝る。

B

5 月16日

　きのうリンさんのうちへ遊びに行った。リンさんのうちは代々木にある。でも駅は新宿だった。2 時にクラスの友達 3 人と待ち合わせをした。パクさんが遅れた。私達は駅で20分も待った。2 時20分ごろパクさんは走ってきた。「ごめんなさい」と何度も言った。リンさんの部屋はとても広くて、明るい部屋だった。みんなで国の料理を作って食べた。みんな料理が上手だと思う。おいしかった。国の料理がなつかしい。国へ帰りたいと思った。

　5 時ごろ帰った。今日のテストのために勉強をした。漢字がたくさんあって、難しい。聴解のテープもとても速い。何回も聞いて練習したが、今日のテストは、よくなかった。ショックだった。

★この日記を書いた 4 人の学生は、どんな学生だと思いますか。みんなで話してください。

C

5月15日

　今日は朝からいい天気だった。日曜日だからゆっくり起きてクラッシック音楽を聞きながらコーヒーを飲んだ。それから、ファッション雑誌を読んだ。のんびりして気持ちがいい。雑誌を読んでから洗濯をした。

　午後はクラスのみんなと一緒にリンさんのうちへ行った。とても楽しかった。リンさんの部屋でリンさんの国の音楽を聞いた。言葉はわからなかったが、音楽がとてもきれいだったので、感動した。

　6時ごろ帰った。東口の本屋へ行って、また新しいファッション雑誌を買った。530円。日本は雑誌や本が高い。明日はテストだが、きょうは勉強しない。いつも2時間ぐらい勉強しているから大丈夫だと思う。日曜日はいつものんびりしている。私はこんな生活スタイルが好きだ。

D

5月15日

　最近、毎日日本語で日記を書いている。作文の練習になるので、とてもいいと思う。日記にはいろいろなことを書く。

　今日は新宿へ行ったので少し疲れた。ここから新宿まで2時間もかかる。クラスのみんなと一緒に国の料理を作って楽しかった。他の国の料理を習っておもしろかった。リンさんの部屋はとてもきれいだった。私の部屋は汚い。とても汚いので、帰ってからそうじをしたり洗濯をしたりした。

　9時ごろキムさんから電話がかかってきた。キムさんは私のいい友達だ。とてもおもしろい人で、日本語も上手なので、わからない時は時々キムさんにきく。それから、今日はキムさんのボーイフレンドのことをいろいろ聞いた。私のボーイフレンドの話もした。2時間も話をしたので疲れた。でも楽しかった。今度映画に行く約束をして電話を切った。明日はテストだが、今日は疲れたからもう寝る。

I．テープを聞いて、日記を書いた人の名前を選んで、その記号を書きなさい。

A（　　　）
B（　　　）
C（　　　）
D（　　　）

① リン	② マリー	③ チン
④ サワニット	⑤ ジョン	⑥ パク

Ⅰ．テープを聞いて、日記を書いた人の名前を選んで、その記号を書きなさい。

リン：きのうは楽しかったですね。みんな何時頃うちへ帰ったんですか。

マリ：私は6時頃着きました。リンさん、きのうはごちそうさまでした。私はたくさん食
　　　べました。おいしかったから。

サワ：本当においしかったですね。でもリンさん、私達が帰ってから大変だったでしょう。
　　　お皿やコップがたくさんあって。

リ：いいえ、大丈夫ですよ。すぐ終わりましたから。

チン：でも、リンさんの部屋はきれいですね。いつもよく掃除をするんですか。

リ：そうですね。私は掃除が好きなんですよ。でも、チンさんも掃除をするでしょ。

チ：いいえ、私は全然しないから、とても汚いんです。でも、きのうは帰ってから掃除を
　　しました。

リ：え、あれから掃除をしたんですか。

チ：ええ、洗濯も…。リンさんの部屋を見て、私の部屋はとても汚いと思ったんです。

パク：チンさんのうちは遠いでしょう。何時頃掃除を始めたんですか。

チ：そうですね。7時頃帰って、すぐ始めました。

パ：すごいですね。私は帰って何もしませんでした。おなかがすいてラーメンを食べまし
　　た。

マ：ああ、パクさんはきのうあまり食べませんでしたね。おなかが痛かったんですか。

パ：いいえ、ちょっとお酒を飲みすぎて気持ちが悪かったんです。

サ：ああ、それで遅れたんですね。

パ：そうなんです。すみませんでした。

リ：サワニットさんはうちへ帰って勉強をしたんでしょう。サワニットさんはいつもまじ
　　めだから。

サ：いいえ、そんなことはありませんけど…漢字が大変だから、たくさん勉強しないとわ
　　からないんですよ。ゆうべ、少し勉強をしました。でも、今日のテストはだめでした
　　よ。日本語は難しいですね。マリーさんは、今日のテストどうでしたか。

マ：そうですね。作文が難しかったですね。でも私はきのう、全然勉強しませんでした。
　　私は日曜日はいつも何もしないんです。のんびりと好きなことをしています。

一同：いいですね。マリーさんは…。

Ⅰ. 테이프를 듣고, 일기를 쓴 사람을 골라서 그 기호를 쓰시오.

　린 : 어제는 즐거웠어요. 모두 몇 시쯤에 집에 갔습니까?

마리 : 나는 여섯 시쯤에 도착했습니다. 린 씨, 어제는 잘 먹었습니다. 나는 많이 먹었
　　　어요. 맛이 좋아서요.

사와 : 정말 맛이 있었어요. 하지만 린 씨, 우리가 돌아간 후 힘들었지요. 접시랑 컵이
　　　많아서.

　린 : 아니오, 괜찮았어요. 곧 끝났으니까.

　진 : 그래도, 린 씨 방은 깨끗하더군요. 언제나 자주 청소를 합니까?

　린 : 그럼요. 나는 청소를 좋아하거든요. 그렇지만 진 씨도 청소를 하지요?

　진 : 아니오, 나는 전혀 하지 않으니까, 아주 더럽습니다. 그래도 어제는 돌아가서 청
　　　소를 했습니다.

　린 : 예? 그때부터 청소를 했어요?

　진 : 예, 세탁도…. 린 씨 방을 보고, 내 방은 아주 더럽다고 느꼈답니다.

　박 : 진 씨 집은 멀지요? 몇 시쯤 청소를 시작했습니까?

　진 : 글쎄요. 일곱 시쯤 돌아가서 곧 시작했습니다.

　박 : 대단하군요. 나는 돌아가서 아무 것도 하지 않았습니다. 배가 고파서 라면을 먹
　　　었습니다.

마리 : 아아, 박씨는 어제 별로 먹지 않았었지요. 배가 아팠습니까?

　박 : 아니오, 조금 과음해서 기분이 좋지 않았던 겁니다.

사와 : 아아, 그래서 늦었었군요.

　박 : 그렇습니다. 미안했습니다.

　린 : 사와닛뜨 씨는 집에 돌아가서 공부를 했겠지요. 사와닛뜨 씨는 언제나 성실하니
　　　까.

사와 : 아니오, 그렇지도 못합니다만…한자가 힘들어서, 공부를 많이 하지 않으면 모르
　　　거든요. 어제 저녁, 공부를 조금 했습니다. 하지만, 오늘 시험은 엉망이었어요.
　　　일본어는 어렵군요. 마리 씨는 오늘 시험은 어땠습니까?

마리 : 글쎄요. 작문이 어려웠어요. 하지만 나는 어제 전혀 공부를 하지 않았습니다. 나는
　　　일요일에는 언제나 아무것도 하지 않습니다. 느긋하게 하고 싶은 것을 합니다.

일동 : 좋겠군요. 마리 씨는….

Ⅰ．　A.⑥　B.④　C.②　D.③

제 15 과

いい部屋を紹介してください。

좋은 방을 소개해 주십시오.

토픽·어휘	셋방 찾기

학습 내용 ①비교 표현을 듣는다(방을 고르는 데 필요한 표현을 연습한다). (테이프 시간 : 8분 11초)
②〈문법·문형〉 ～のほうが～, ～より～

연습 요령

- Ⅰ　단계 : 테이프의 내용과 같은 것에는 ○표를, 다른 것에는 ×표를 기입한다(문제11의 「洋3」은 다따미 3장 크기의 서양식 방이라는 뜻이다).
- Ⅱ-1단계 : ①그림을 잘 살펴본 다음 시작한다. 테이프를 듣고, 해당하는 그림에 번호를 기입한다.
②방의 크기나 집세, 역으로부터의 거리 등 조건을 듣고 판단함이 중요하다. 광고에 써 있는 역명은 그다지 주의하지 않아도 된다.
- Ⅱ-2단계 : 어느 방을 정했는지 테이프를 듣고 기호를 기입한다.

最新物件!!
5,4000-
72,000-
43,000-
K
6 4

Ⅰ．テープの内容と同じものに○を、違うものに×をつけなさい。

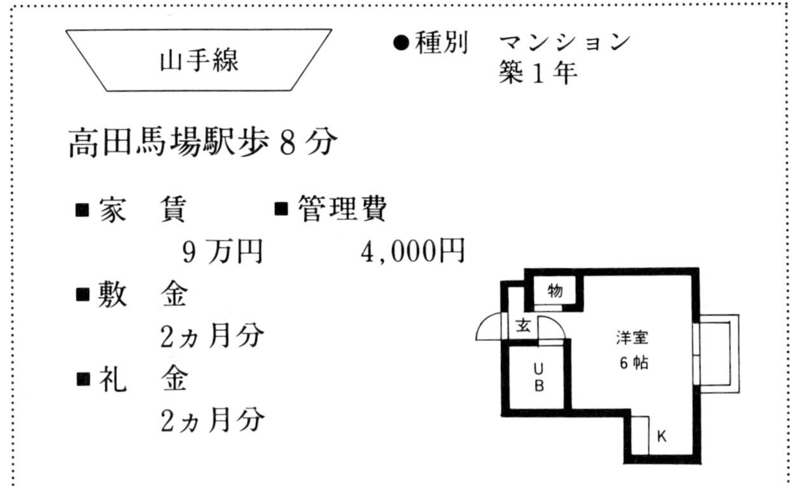

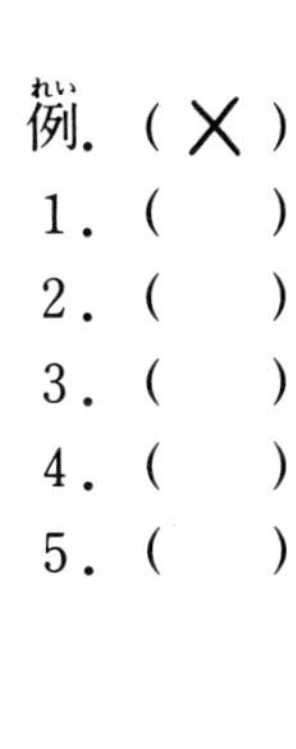

例.	（ × ）
1.	（ 　 ）
2.	（ 　 ）
3.	（ 　 ）
4.	（ 　 ）
5.	（ 　 ）

6.	（ 　 ）
7.	（ 　 ）
8.	（ 　 ）
9.	（ 　 ）
10.	（ 　 ）

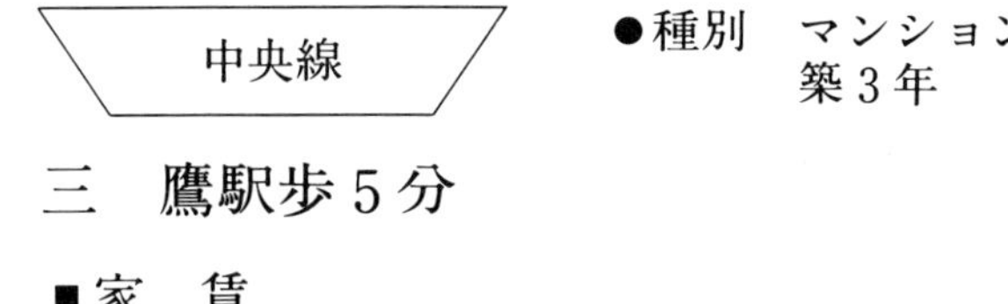

11.	（ 　 ）
12.	（ 　 ）
13.	（ 　 ）

〈1日目〉

A
小田急線
●種別　アパート　築15年
成城学園前駅歩8分
■家　賃　3.5万円
■敷　金　2ヵ月分
■礼　金　2ヵ月分
■管理費　1,000円
玄関
便所
押入
6帖
K

B
京浜東北線
●種別　アパート　築12年
東十条駅歩20分
■家　賃　5.3万円
■敷　金　1ヵ月分
■礼　金　3ヵ月分
■管理費　1,000円
便
玄関
K　2帖
浴室
洋室3帖
6帖
押入

C
東急東横線
●種別　アパート　築15年
自由が丘駅歩12分
■家　賃　4万円
■敷　金　2ヵ月分
■礼　金　2ヵ月分
■管理費　―
押入
6帖
玄
例

D
山手線
●種別　マンション　築1年
高田馬場駅歩8分
■家　賃　9万円
■敷　金　2ヵ月分
■礼　金　2ヵ月分
■管理費　4,000円
物
玄
UB
洋室6帖
K

E
中央線
●種別　ハイツ　新築
高円寺駅歩12分
■家　賃　7～7.1万円
■管理費　1,000円
■敷　金　1ヵ月分
■礼　金　3ヵ月分
UB
押入
玄関
K
洋室6帖
ベランダ

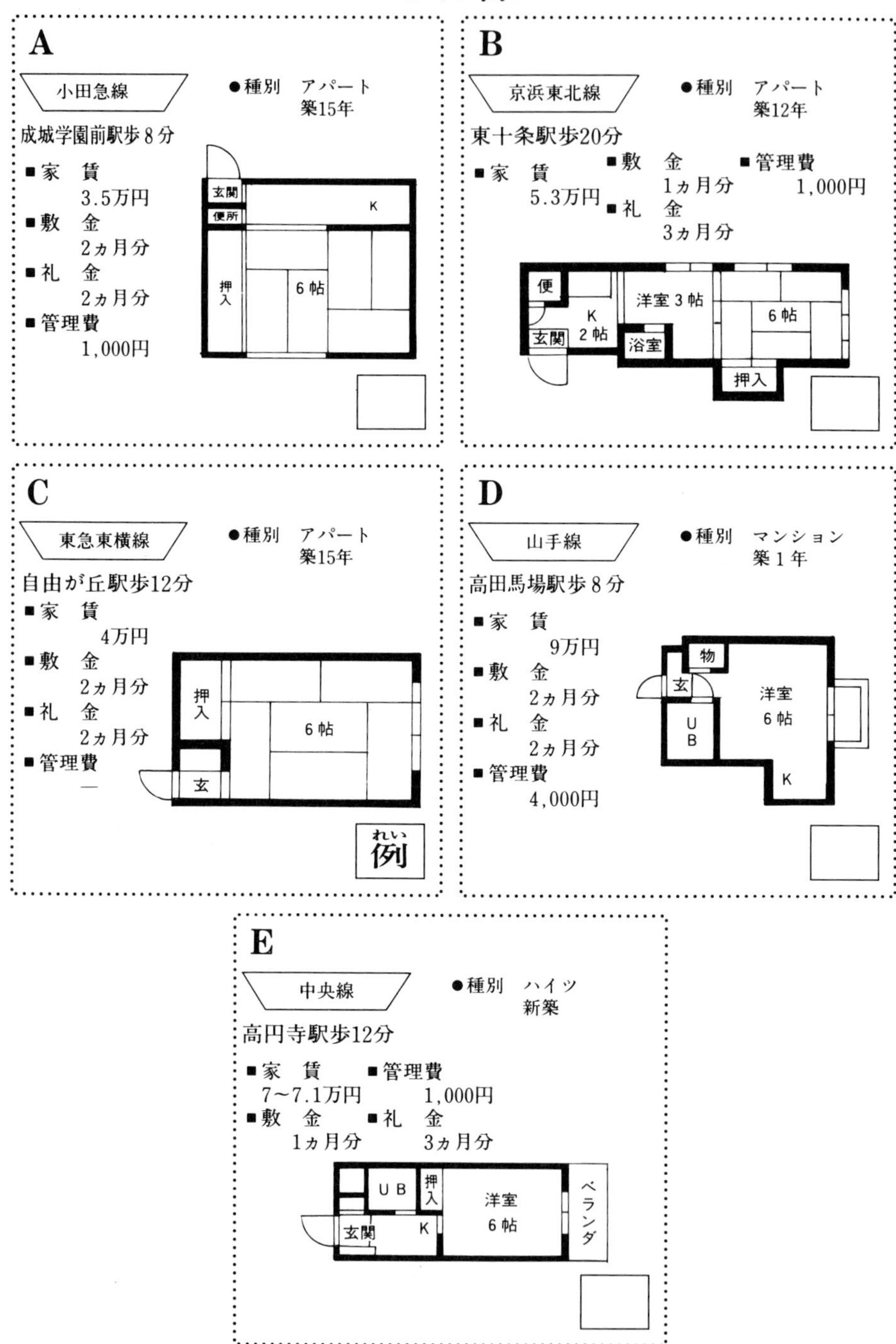

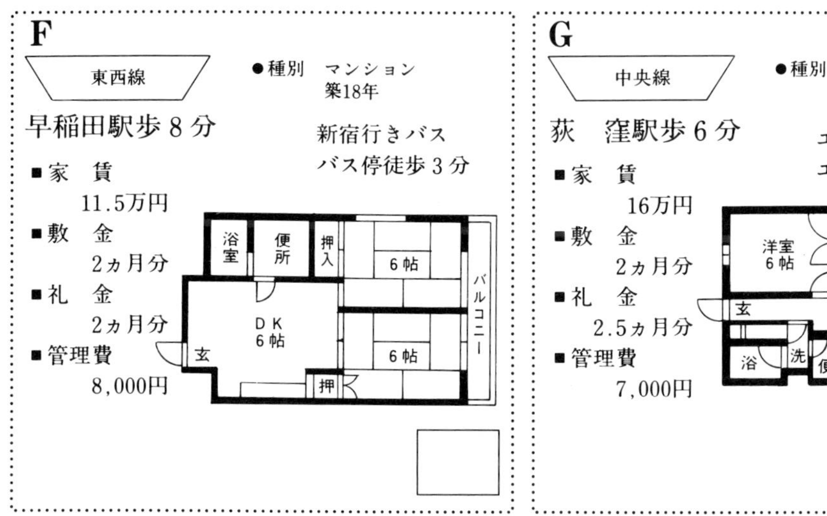

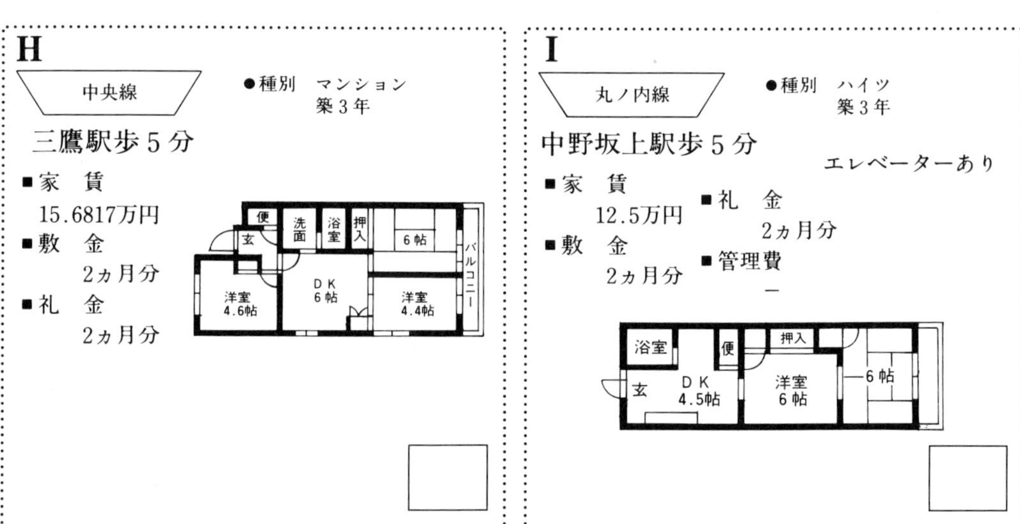

II－2．けいこさんときょうこさんはF、G、H、Iのどの部屋に決めましたか。テープを聞いて記号を書きなさい。

★みなさんはどの部屋がいいですか。それはどうしてですか。クラスの人と話し合ってみましょう。

Ⅰ．テープの内容と同じものに○を、違うものに×をつけなさい。

例) 和室があります。

1．台所があります。キッチンがあります。

2．ユニットバスがあります。

3．駅から歩いて9分です。

4．このマンションは新しいです。まだ1年です。

5．1か月の家賃が9万円で、管理費を入れて9万4,000円かかります。

6．洋室が2つあります。

7．ベランダがありません。バルコニーがありません。

8．6畳の和室があります。

9．トイレはありません。

10．駅から歩いて5分で、家賃は15万6,817円です。

11．洋室が3つあります。

12．お風呂はありません。

13．駅から歩いて20分で、家賃は5万3,000円です。

Ⅱ—1．テープを聞いて番号を書きなさい。

1日目

例) Ａ：ええと、この部屋はどうですか。自由が丘駅なんですけど。
　　Ｂ：お部屋は、あ、和室ですか。
　　Ａ：ええ、6畳です。
　　Ｂ：家賃はいくらですか。
　　Ａ：4万円です。静かで環境もいいですよ。
　　Ｂ：そうですか、あのう、トイレはありますか。
　　Ａ：いいえ、トイレはありません。
　　Ｂ：トイレもないのに4万円ですか、それはちょっと…。

1．Ａ：じゃあ、こちらはどうですか。
　　Ｂ：自由が丘のアパートと同じくらい広いですか。
　　Ａ：ええ、和室6畳ですから、同じですね。
　　Ｂ：じゃあ、家賃は少し高いんでしょうね。
　　Ａ：いいえ、自由が丘のアパートより安いんですよ。
　　Ｂ：ほんとに？
　　Ａ：それに、こちらのほうが駅に近いですよ。
　　Ｂ：はあ、どのくらいですか。
　　Ａ：駅から歩いて8分です。
　　Ｂ：そうですか。あの、それで、お風呂はありますか。
　　Ａ：お客さん、いまどき3万円ぐらいでお風呂なんかありませんよ。

Ⅰ. 테이프의 내용과 같은 것에는 ○를, 다른 것에는 ×로 표기하시오.

보기 일본식 방이 있습니다.
1. 부엌(키친)이 있습니다.
2. 조립식 욕실이 있습니다.
3. 역에서 걸어서 9분입니다.
4. 이 맨션은 새 것입니다. 아직 1년밖에 안 되었습니다.
5. 1개월 집세가 9만 엔이고, 관리비를 포함해서 9만 4,000엔 듭니다.
6. 서양식 방(양실)이 두 개 있습니다.
7. 베란다가 없습니다. 발코니가 없습니다.
8. 다따미 여섯 장 크기의 일본식 방이 있습니다.
9. 화장실은 없습니다.
10. 역에서 걸어서 5분이고, 집세는 15만 6,817엔입니다.
11. 서양식 방이 세 개 있습니다.
12. 욕실은 없습니다.
13. 역에서 걸어서 20분이고, 집세는 5만 3,000엔입니다.

Ⅱ-1. 테이프를 듣고, 번호를 쓰시오.

〈첫째 날〉

보기 A : 저…, 이 방은 어떻습니까? 지유가오까(自由が丘) 역입니다만.
　　　B : 방은, 아, 일본식 방입니까?
　　　A : 예, 다따미 여섯 장 크기입니다.
　　　B : 집세는 얼마입니까?
　　　A : 4만 엔입니다. 조용하고 환경도 좋습니다.
　　　B : 그렇습니까, 저…, 화장실은 있습니까?
　　　A : 아니오, 화장실은 없습니다.
　　　B : 화장실이 없는데도 4만 엔입니까, 그건 조금….

1. A : 그럼, 이것은 어떻습니까?
　　B : 지유가오까의 아파트와 같은 정도의 넓이입니까?
　　A : 예, 일본식 방 다따미 여섯 장 크기니까, 같군요.
　　B : 그럼, 집세는 조금 비싸겠지요?
　　A : 아니오, 지유가오까의 아파트보다 쌉니다.
　　B : 정말?
　　A : 게다가, 이쪽이 역에서 가깝습니다.
　　B : 네? 어느 정도입니까?
　　A : 역에서 걸어서 8분입니다.
　　B : 그렇습니까? 저…, 그리고 욕실은 있습니까?
　　A : 손님, 요즘 3만 엔 정도로 욕실 같은 건 없습니다.

2．B：じゃあ、いくらぐらいですか、お風呂のある部屋は。
　　A：そうですね。6万5,000円から7万ぐらいですね。
　　B：高いですね。
　　A：じゃあ、これはどうでしょうか。小さいですがユニットバスがあります。
　　B：ユニットバス。洋室…6畳。キッチンは狭いですね。
　　A：でも、お客さん、この部屋はベランダもあるし、いい部屋だと思いますよ。
　　B：はあ、家賃は、ええと、7万から7万1,000円、それに管理費1,000円だから…。
　　A：だいたい7万2,000円ですよ。
　　B：7万2,000円。ううん、これより安いのはありませんか。

3．A：難しいですね。お客さん。
　　B：すみません。
　　A：何かないかなあ…、おっと、これなんかどうですか。
　　B：あ、部屋が2つありますね。
　　A：ええ、お風呂もあるし、キッチンも2畳ありますよ。
　　B：今まで見た中ではいちばん広いですね。
　　A：でも家賃は高くありませんよ。
　　B：そうですか。
　　A：家賃5万3,000円に管理費1,000円、合計5万4,000円ですね。
　　B：でも…。
　　A：でも？
　　B：駅からいちばん遠いですよ。
　　A：お客さん、どうしますか。
　　B：駅から遠いけど家賃の安い部屋と、駅から少し近いけど家賃の高い部屋と、どちらのほうがいいかしら。ううん、難しいわ。また来ます。
　　A：よく考えてくださいね。

2日目

4．A：あ、いらっしゃい。今日はお2人ですか。
　　B：そうなんです。1人で住むより、2人で住むほうが安いと思って。
　　C：よろしく。
　　A：じゃあ、お部屋は2つがいいですね。
　　B：ええ、それから、新宿に近いほうがいいですね。
　　A：これはどうですか。
　　C：部屋は洋室ですか。
　　A：洋室と和室1つずつです。
　　B：どのぐらい広いですか。
　　A：洋室も、和室も同じ6畳です。
　　C：ふうん、お風呂もあるし、ダイニングキッチンも4畳半ありますね。

2. B : 그럼, 얼마 정도입니까 ? 욕실이 있는 방은 ?
   A : 글쎄요. 6만 5,000엔부터 7만 엔 정도군요.
   B : 비싸군요.
   A : 그럼, 이것은 어떨까요 ? 작지만 조립식 욕실이 있습니다.
   B : 조립식 욕실. 양실…다따미 여섯 장 크기. 키친은 좁군요.
   A : 그러나, 손님. 이 방은 베란다도 있고, 좋은 방이라고 생각합니다.
   B : 글쎄, 집세는 저…, 7만 엔부터 7만 1,000엔, 거기에다 관리비 1,000엔이니까….
   A : 약 7만 2,000엔입니다.
   B : 7만 2,000엔. 으응, 이것보다 싼 것은 없습니까 ?

3. A : 어렵겠군요. 손님.
   B : 미안합니다.
   A : 무언가 없을까…, 그렇지, 이건 어떨까요.
   B : 아, 방이 두 개 있군요.
   A : 예, 욕실도 있고, 키친도 다따미 두 장 크기나 됩니다.
   B : 지금까지 본 중에서는 제일 넓군요.
   A : 하지만, 집세는 비싸지 않습니다.
   B : 그렇습니까.
   A : 집세 5만 3,000엔에 관리비 1,000엔, 합계 5만 4,000엔이군요.
   B : 하지만….
   A : 하지만 ?
   B : 역에서 제일 멀군요.
   A : 손님, 어떻게 하겠습니까 ?
   B : 역에서 멀지만 집세가 싼 방하고, 역에서 조금 가깝지만 집세가 비싼 방하고, 어느
       쪽이 좋을까…. 으응, 어려운데. 다시 오겠습니다.
   A : 잘 생각하세요.

〈둘째 날〉

4. A : 아, 어서 오십시오. 오늘은 두 분이시군요.
   B : 그렇습니다. 혼자 사는 것보다 둘이서 사는 편이 싸다고 생각해서.
   C : 잘 부탁합니다.
   A : 그럼, 방은 두 개가 좋겠군요.
   B : 예, 그리고 신주꾸에 가까운 편이 좋겠어요.
   A : 이것은 어떨까요 ?
   C : 방은 서양식 방이군요.
   A : 서양식 방과 일본식 방 하나씩입니다.
   B : 어느 정도 넓습니까 ?
   A : 서양식 방도 일본식 방도 같은 다따미 6장 크기입니다.
   C : 으응, 욕실도 있고 다이닝 키친도 다따미 4장 반 크기나 되는군요.

　　Ａ：これにしませんか。
　　Ｂ：すみませんが、もっと広い台所のある部屋はありませんか。

５．Ａ：もっと広い台所ですか。じゃあ、家賃ももう少し高くなるかもしれませんよ。
　　Ｂ：ええ、でも台所が広いほうが料理しやすいし…。
　　Ａ：お客さん、注文が多いですね。ううん、ええと、おっと、これはどうでしょう。
　　Ｃ：どれどれ、あ、ダイニングキッチンが6畳ですよ。
　　Ｂ：ほんとだわ。それに、お風呂も、トイレも、ベランダもあるわ。
　　Ｃ：でも築18年、ちょっと古いですね。
　　Ａ：だからちょっと安いんですよ。家賃が11万5,000円で、管理費が8,000円だから
　　　　…。
　　Ｂ：ほんとだわ。1か月12万3,000円ですね。
　　Ｃ：でも、新宿へ行くには少し不便ですね。
　　Ａ：そうですね。高田馬場で東西線からＪＲに乗り換えますからね。
　　Ｂ：ねえ、どうしますか。

６．Ｃ：あ、おじさん、ちょっとそれを見せてください。
　　Ａ：これですか。どうぞ。
　　Ｃ：駅から歩いて6分。いいですね。
　　Ｂ：でも、高すぎますよ。家賃が16万円で、管理費を入れて16万7,000円ですよ。
　　Ａ：でも、エレベーターもありますよ。便利でいい部屋ですよ。
　　Ｃ：ベランダはありますか。
　　Ａ：和室のほうにあります。
　　Ｂ：じゃあ、この洋室にはベランダがありませんね。
　　Ａ：ええ。
　　Ｃ：3つの部屋の中では、私はこの部屋がいちばんいいですね。
　　Ｂ：すみません、もう少し考えてもいいですか。
　　Ａ：いいですけど、早く連絡してくださいね。

Ⅱ－2．けいこさんときょうこさんはＦ、Ｇ、Ｈ、Ｉのどの部屋に決めましたか。テープ
　　　　を聞いて記号を書きなさい。

　　Ｃ：やっぱり、エアコンもあるし、エレベーターもあるし、この部屋がいちばんいい
　　　　と思いますよ。
　　Ｂ：でも、16万7,000円はちょっと高いですよ。これだと1か月1人8万3,500円かか
　　　　りますよ。
　　Ｃ：じゃあ、いちばん安いのは早稲田のマンションですか。
　　Ｂ：ちょっと待って。中野坂上12万5,000円で、管理費なしでしょ。早稲田は11万
　　　　5,000円プラス8,000円。
　　Ｃ：12万3,000円ですね。

A : 이것으로 하지 않겠습니까?
B : 미안합니다만, 더 넓은 부엌이 있는 방은 없습니까?

5. A : 더 넓은 부엌입니까? 그럼, 집세도 조금 더 비싸게 될지 모르겠습니다.
   B : 네, 하지만 부엌이 넓은 편이 요리하기 쉽고….
   A : 손님, 주문이 많군요. 으응, 저…, 그렇지, 이것은 어떨까요?
   C : 어디 어디, 아, 다이닝 키친이 다따미 여섯 장 크기인데요.
   B : 정말이군요. 게다가, 욕실도, 화장실도, 베란다도 있어요.
   C : 그러나 건축한 지 18년, 조금 오래 되었군요.
   A : 그러니까 조금 싸지요.
      집세가 11만 5,000엔이고, 관리비가 8,000엔이니까….
   B : 정말이군요. 1개월에 12만 3,000엔이에요.
   C : 하지만, 신주꾸로 가는 데는 조금 불편하군요.
   A : 그렇겠지요. 다까다노바바에서 도자이셍에서 JR로 바꿔타니까요.
   B : 저…, 어떻게 하겠어요?

6. C : 아, 아저씨, 잠깐 그거 보여 주세요.
   A : 이거요? 보시지요.
   C : 역에서 걸어서 6분, 좋겠군요.
   B : 하지만, 너무 비싸요. 집세가 16만 엔이고, 관리비를 포함해서 16만 7,000엔인데
      요.
   A : 그러나, 엘리베이터도 있어요. 편리하고 좋은 방이에요.
   C : 베란다는 있습니까?
   A : 일본식 방 쪽에 있습니다.
   B : 그러면, 이 서양식 방에는 베란다는 없군요.
   A : 예.
   C : 세 개의 방 중에서, 나는 이 방이 제일 좋은데요.
   B : 미안합니다, 조금 더 생각해 봐도 되겠습니까?
   A : 좋습니다만, 빨리 연락 주세요.

II-2. 게이꼬 씨와 교꼬 씨는 F, G, H, I의 어느 방으로 정하였습니까? 테이프를 듣고
     기호를 쓰시오.

C : 역시 에어컨도 있고, 엘리베이터도 있고, 이 방이 제일 좋겠다고 생각해요.
B : 하지만, 16만 7,000엔은 조금 비싸요. 이거라면 1개월에 한 사람당 8만 3,500엔이
   들어요.
C : 그럼, 제일 싼 건 와세다의 맨션일까요?
B : 잠깐 기다려 봐요. 나까노사까우에는 12만 5,000엔이고, 관리비가 없죠. 와세다는 11
   만 5,000엔 플러스 8,000엔.
C : 12만 3,000엔이군요.

B：でも、どちらのほうが新宿に近いですか。
C：中野坂上ですね。でもここのほうがちょっと狭いですよ。
B：そうですね。ベランダも台所も狭いですね。
C：ねえ、早稲田は東西線ですよね。
B：ええ、だから乗り換えをしますよ。
C：でも新宿行きのバスが通ってますよ。ほら、ここを読んでください。
B：あら、本当。じゃあ、地下鉄の駅もバス停もあるんですね。
C：便利ですよ。
B：部屋も広いし、家賃も安いし、ここのマンションに決めましょう。
C：そうですね。明日、不動産屋さんにすぐ電話しましょう。

B : 하지만, 어느 쪽이 신주꾸에 가깝지요 ?
C : 나까노사까우에군요. 그렇지만 이쪽은 조금 좁군요.
B : 그렇군요. 베란다도 부엌도 좁군요.
C : 저, 와세다는 도자이셍이지요.
B : 예, 그러니까 갈아타야 하지요.
C : 하지만 신주꾸행 버스가 다니고 있어요. 봐요, 여기를 읽어 보세요.
B : 어머, 정말. 그럼, 지하철 역도 버스 정류장도 있겠군요.
C : 편리한데요.
B : 방도 넓고, 집세도 싸고, 이 맨션으로 정합시다.
C : 그렇군요. 내일 복덕방 아저씨에게 바로 전화를 겁시다.

I．　1．○　2．○　3．×　4．○　5．○　6．○　7．×

　　8．○　9．×　10．○　11．×　12．×　13．○

II 1．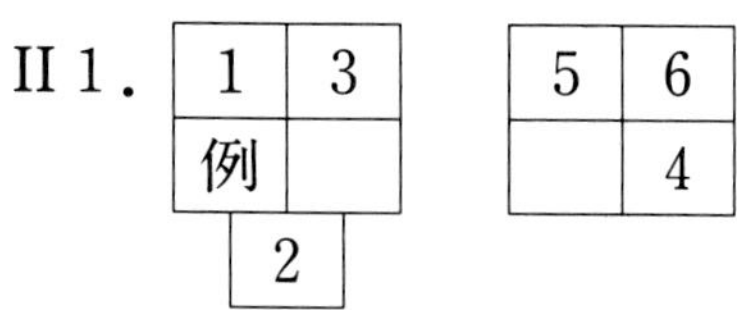

II 2．F

제 16 과

病院

병원

토픽·어휘	병에 관계되는 말
학습 내용	①병의 증상이나 처방전 등의 지시를 듣는다. 　(테이프 시간 : 6분 41초) ②〈문법·문형〉 ～んです

연습 요령

- Ⅰ　단계 : 테이프를 듣고 해당하는 그림에 기호를 기입한다.
- Ⅱ-1단계 : 세 사람이 감기에 걸렸다. 테이프를 듣고 그 증상을 Ⅰ에서 골라 해당하는 기호를 기입한다. 증상은 여러 가지일 수도 있다.
- Ⅱ-2단계 : 테이프를 듣고, 약봉투에 해당하는 사람의 이름을 기입한다.

AURAL TEST

I．テープを聞いて、例のように適当な記号を書きなさい。

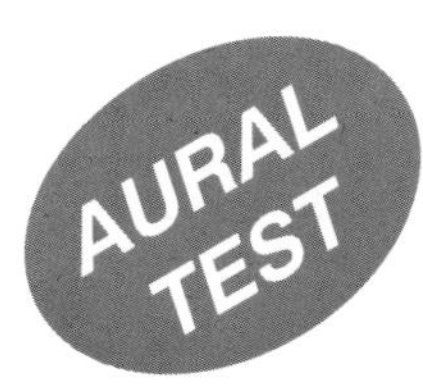

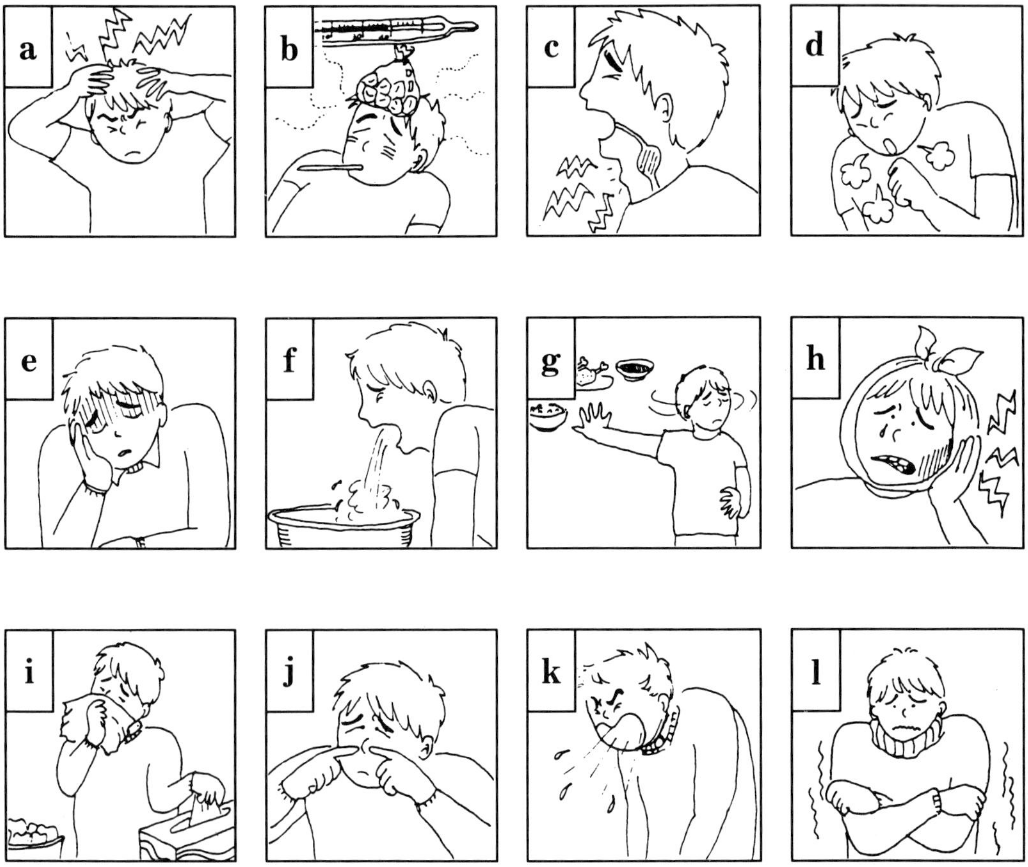

例（　C　）　　**1**（　　　）　　**2**（　　　）

3（　　　）　　**4**（　　　）　　**5**（　　　）

II－1．3人の人がかぜをひいています。テープを聞いて、症状の記号を書きなさい。
　　　　記号はⅠの中から選んでください。

症状

1　.........................

2　.........................

3　.........................

II－2．テープを聞いて、ふくろに名前の番号を書きなさい。

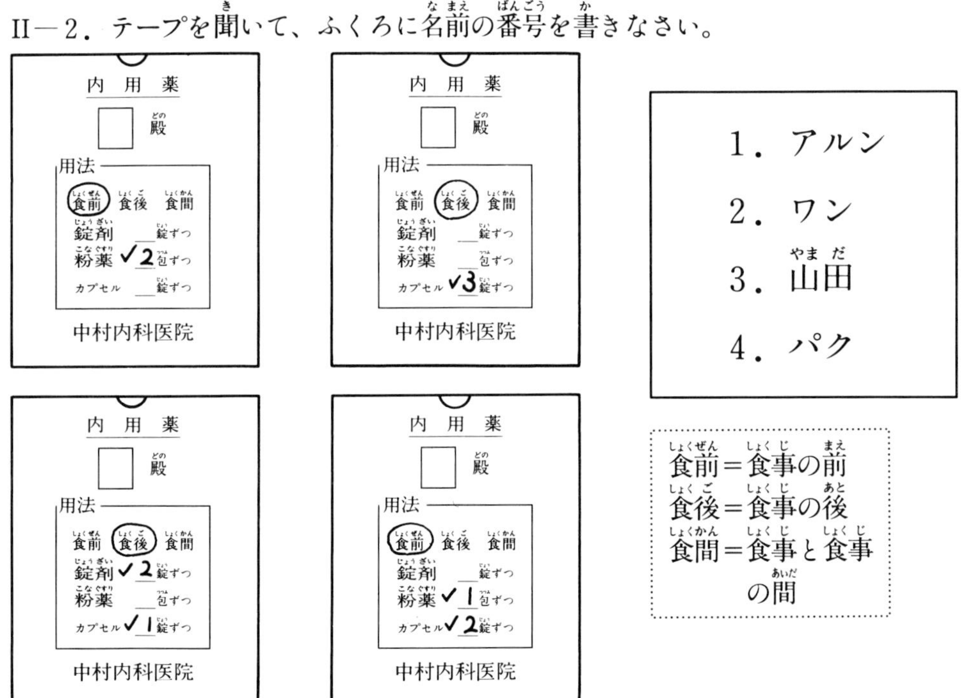

Ⅰ．テープを聞いて、例のように適当な記号を書きなさい。

例）Ａ：どうしたんですか。
　　Ｂ：ゆうべからのどが痛いんですよ。

1．Ａ：田中さん、元気がありませんね。
　　Ｂ：ええ、胃の調子が悪くて食欲がないんです。

2．Ａ：きのうはどうしたんですか。
　　Ｂ：熱が39度も出て、寝ていたんです。
　　Ａ：大丈夫ですか。
　　Ｂ：ええ、大丈夫です。

3．Ａ：きのうから頭が痛いんですよ。
　　Ｂ：風邪ですか。

4．Ａ：元気がありませんね。どうしたんですか。
　　Ｂ：風邪をひいてしまったんです。寒気がするんです。

5．Ａ：山田さん、風邪ですか。
　　Ｂ：ええ、鼻水が出て大変なんです。

Ⅱ－1．3人の人が風邪をひいています。テープを聞いて、症状の記号を書きなさい。記
　　　　号はⅠの中から選んでください。

1．マリーさん
　　Ａ：マリーさんどうぞ。
　　Ｂ：はい。
　　Ａ：どうしたんですか。
　　Ｂ：はい、あのう、気分が悪いんです。
　　Ａ：ちょっと見せてください。口をあけて…ああ、はれてますね。
　　Ｂ：はい、のどが痛いんです。
　　Ａ：ふうん、のどが痛い…。
　　Ｂ：それに、寒気もするんです。
　　Ａ：顔が赤いですね。ちょっと熱があるかもしれませんね。
　　Ｂ：はい、今朝測ったら熱が38度でした。
　　Ａ：食欲はありますか。
　　Ｂ：あまりありません。
　　Ａ：これは風邪ですね。じゃあ、ちょっと待ってください。今カルテを書きますから、
　　　　後で薬をもらってください。うがいもしてください。

Ⅰ. 테이프를 듣고, 보기와 같이 적당한 기호를 쓰시오.

보기　A : 어디 아프세요?
　　　　B : 어제 저녁부터 목이 아픕니다.

1. A : 다나까 씨, 기운이 없군요.
　 B : 예, 위 상태가 좋지 않아서 식욕이 없습니다.

2. A : 어제 무슨 일이 있었습니까?
　 B : 열이 39도나 나서, 누워 있었습니다.
　 A : 괜찮습니까?
　 B : 예, 괜찮습니다.

3. A : 어제부터 머리가 아픕니다.
　 B : 감기입니까?

4. A : 기운이 없군요. 어디 아픕니까?
　 B : 감기에 걸리고 말았습니다. 으슬으슬 춥습니다.

5. A : 야마다 씨, 감기입니까?
　 B : 예, 콧물이 나와서 죽겠어요.

Ⅱ-1. 세 사람이 감기에 걸렸습니다. 테이프를 듣고, 증상의 기호를 쓰시오. 기호는 Ⅰ에서
　　 고르시오.

1. 마리 씨
　 A : 마리 씨, 들어오세요.
　 B : 예.
　 A : 어떻게 아픕니까?
　 B : 예, 저…, 기분이 좋지 않습니다.
　 A : 어디 좀 볼까요. 입을 벌리고…아아, 부었군요.
　 B : 예, 목이 아픕니다.
　 A : 으응, 목이 아프다….
　 A : 게다가 으슬으슬 춥습니다.
　 B : 얼굴이 빨갛군요. 조금 열이 있는지도 모르겠군요.
　 A : 예, 오늘 아침 재어 보았더니 열이 38도였습니다.
　 B : 식욕은 있습니까?
　 A : 별로 없습니다.
　 B : 이건 감기군요. 그럼, 잠깐 기다려 주세요. 지금 진료 기록 카드를 쓸 테니까, 나
　　　 중에 약을 받아 가세요. 양치질도 하세요

　　B：はい、ありがとうございました。
　　A：はい、お大事に。

2．リンさん
　　A：リンさんどうぞ。
　　B：はい。おねがいします。
　　A：どうしたんですか。
　　B：あのう、きのうから食欲がないんです。なんだかむかむかするんです。
　　A：ふうん、吐き気がするんですね。何か悪いものを食べましたか。
　　B：いいえ、食べませんでした。
　　A：ふうん。
　　B：あのう、それから、くしゃみがとまらないんです。
　　A：くしゃみ。
　　B：はい。鼻水もでるんですが…。
　　A：じゃあ、風邪ですね。胃をやられたんですよ。
　　B：はあ、風邪ですか。
　　A：ええ、じゃあ、薬をあげますから、後でもらって飲んでください。
　　B：はい、ありがとうございました。
　　A：はい、お大事に。

3．パクさん
　　A：パクさんどうぞ。
　　B：はい。
　　A：どうしたんですか。
　　B：先生、頭が痛いんです。とても痛いんです。
　　A：熱があるみたいですね。ちょっと測ってみましょう。…あれ、40度もあります
　　　　よ。
　　B：ええっ。…それに（ゴホゴホ）咳がとまらないんです。
　　A：鼻はどうですか。
　　B：あの、鼻は…つまってるみたいです。においがしません。
　　A：ううん、これは完全に風邪ですね。ちょっと注射を1本打ちましょう。後で薬も
　　　　あげますよ。よく寝て、よく休んでください。
　　B：はい、ありがとうございます。
　　A：じゃあ注射を打ちますから、待っていてください。

II－2．テープを聞いて、袋に名前の番号を書きなさい。

1．アルン・アマラポーン
　　A：アルンさん、アルン・アマラポーンさん。
　　B：はい。

A : 예, 감사합니다.
B : 예, 몸조심하세요.

2. 린 씨

A : 린 씨, 들어오세요.
B : 예. 부탁합니다.
A : 어떻게 아픕니까?
B : 저…, 어제부터 식욕이 없습니다. 왜 그런지 메슥메슥합니다.
A : 으응, 구역질이 난단 말이지요. 뭔가 좋지 않은 것을 먹었습니까?
B : 아니오, 먹지 않았습니다.
A : 흐음.
B : 저, 그리고 재채기가 멈추지 않습니다.
A : 재채기?
B : 예. 콧물도 납니다만….
A : 그럼, 감기군요. 위가 약해진 겁니다.
B : 예? 감기입니까?
A : 예. 그럼, 약을 드릴 테니, 나중에 받아서 드세요.
B : 예, 감사합니다.
A : 그럼, 몸조심하세요.

3. 박 씨

A : 박씨, 들어오세요.
B : 예.
A : 어떻게 아픕니까?
B : 선생님, 머리가 아픕니다. 아주 아픕니다.
A : 열이 있어 보이는군요. 잠깐 재 보겠습니다.
    …저런, 40도나 되는군요.
B : 옛? …게다가 (콜록콜록) 기침이 멈추지 않습니다.
A : 코는 어떠세요?
B : 저, 코는…막힌 것 같습니다. 냄새를 맡을 수 없습니다.
A : 으응. 이건 완전히 감기군요. 잠깐 주사를 한 대 놓겠습니다. 나중에 약도 드리
    지요. 잘 자고, 푹 쉬십시오.
B : 예, 감사합니다.
A : 그럼 주사를 놓겠으니까, 기다려 주세요.

II-1. 테이프를 듣고, 약봉투에 이름의 번호를 쓰시오.

1. 아룬 · 아마라쁜

A : 아룬 씨, 아룬 · 아마라쁜 씨.
B : 예.

　　Ａ：はい、風邪のお薬です。カプセルが入っていますから、食後に３錠ずつ飲んでく
　　　ださい。
　　Ｂ：はい。あのう、しょくごって、何ですか。
　　Ａ：食後は、ごはんを食べた後です。ごはんを食べた後に３錠、３つですね、飲んで
　　　ください。
　　Ｂ：はい、わかりました。３つですね。どうもありがとうございました。
　　Ａ：はい、お大事に。

２．ワン・シューミン
　　Ａ：ワンさん、ワン・シューミンさん
　　Ｂ：はい。
　　Ａ：ワンさん。これ風邪薬です。粉薬が入っていますから、食前に２包ずつ飲んでく
　　　ださい。
　　Ｂ：はあ、あの、しょくぜんって…食事の前ですか。
　　Ａ：はい、食事の前に２つずつです。わかりますか。
　　Ｂ：はい、２つずつですね。どうもありがとうございました。
　　Ａ：お大事に。

３．山田花子
　　Ａ：山田さん、山田花子さん。
　　Ｂ：はい。
　　Ａ：はい、お薬です。錠剤とカプセルが入っています。錠剤は２錠ずつ、カプセルは
　　　１錠ずつ食後に飲んでください。
　　Ｂ：はい、錠剤は２錠ずつ、カプセルは１錠ずつですね。食後に飲むんですね。
　　Ａ：はい、そうですよ。お大事に。
　　Ｂ：どうもありがとうございました。

４．パク・ミンホー
　　Ａ：パクさん、パク・ミンホーさん。
　　Ｂ：はい。
　　Ａ：これがお薬です。中に粉薬と、カプセルがありますから、まちがえないで飲んでく
　　　ださい。粉薬は１包ずつ、カプセルは２錠ずつ、食前…食事の前に飲んでください。
　　Ｂ：はい、あのう、粉薬１つずつ、カプセル２つずつ、食事の前に飲むんですね。
　　Ａ：食前、というんですよ。(薬袋の「食前」という文字を指して) これね。
　　Ｂ：はい、わかりました。どうもありがとうございました。
　　Ａ：お大事に。

A : 자, 감기약입니다.
　　캡슐이 들어 있으니까, 식후에 세 알씩 드세요.
B : 예, 저…, 식후란 말, 무슨 뜻입니까 ?
A : 식후란 밥을 먹은 후를 뜻합니다.
　　밥을 먹은 후에 세 알, 세 개지요, 드세요.
B : 예, 알았습니다. 세 개군요. 대단히 감사합니다.
A : 그럼, 몸조심하세요.

2. 왕·슈민
　　A : 왕 씨, 왕·슈민 씨.
　　B : 예.
　　A : 왕 씨. 자, 감기약입니다.
　　　　가루약이 들어 있으니까, 식전에 두 봉지씩 드세요.
　　B : 예, 저, 식전이라는 말…식사 전입니까 ?
　　A : 예, 식사 전에 두 봉지씩입니다. 알겠습니까 ?
　　B : 예, 두 개씩이군요. 대단히 감사합니다.
　　A : 몸조심하세요.

3. 야마다 하나꼬
　　A : 야마다 씨, 야마다 하나꼬 씨.
　　B : 예.
　　A : 자, 약입니다. 알약과 캡슐이 들어 있습니다. 알약은 두 알씩, 캡슐은 한 알씩 식
　　　　후에 드세요.
　　B : 예, 알약은 두 알씩, 캡슐은 한 알씩이군요. 식후에 먹는군요.
　　A : 예, 그렇습니다. 몸조심하세요.
　　B : 대단히 감사합니다.

4. 박민호
　　A : 박씨, 박민호 씨.
　　B : 예.
　　A : 이것이 약입니다. 속에 가루약과 캡슐이 있으니까, 틀리지 말고 드세요. 가루약은
　　　　한 봉지씩, 캡슐은 두 알씩, 식전…식사 전에 드세요.
　　B : 예, 저…, 가루약 한 개씩, 캡슐 두 개씩, 식사 전에 먹는군요.
　　A : 식전이라고 말한답니다. (약봉투의 「食前」이라는 글을 가리키며) 이것 말이죠.
　　B : 예, 알았습니다. 대단히 감사합니다.
　　A : 몸조심하세요.

I. 1. g 2. b 3. a 4. l 5. i

II 1. 1. e, c, l, b, g 2. g, f, k, i 3. a, b, d, j

II 2.

2	1
3	4

제 17 과

結婚するそうです。

결혼한다고 합니다.

토픽·어휘	소문
학습 내용	①전해 들은 이야기를 남에게 전달하는 표현을 연습한다. 　(테이프 시간 : 7분 22초) ②〈문법·문형〉 ～そうです(伝聞)
연습 요령	

- Ⅰ　단계 : 테이프를 듣고, 그 내용을 기억한 다음 다른 사람에게 전달한다.
- Ⅱ　단계 : 전해 들은 이야기를 잘못 전달한 사람을 찾는 연습이다. 테이프를 듣고 그 사람의 이름에 ○표를 적는다(예제는 없음).

I．テープを聞いて、内容を覚えてください。そして、それを他の人に伝えてください。

II．話を<u>まちがえて伝えた人</u>はだれですか。テープを聞いて、その人の名前に○を
つけなさい。

1

2

a
パク　たけし
b
パク　キム
c
けいこ　キム
d
けいこ　のりこ
e
たけし　のりこ

3

a
コウ　ようこ
b
コウ　いちろう
c
コウ　ワン
d
さちこ　ワン
e
さちこ　ともこ

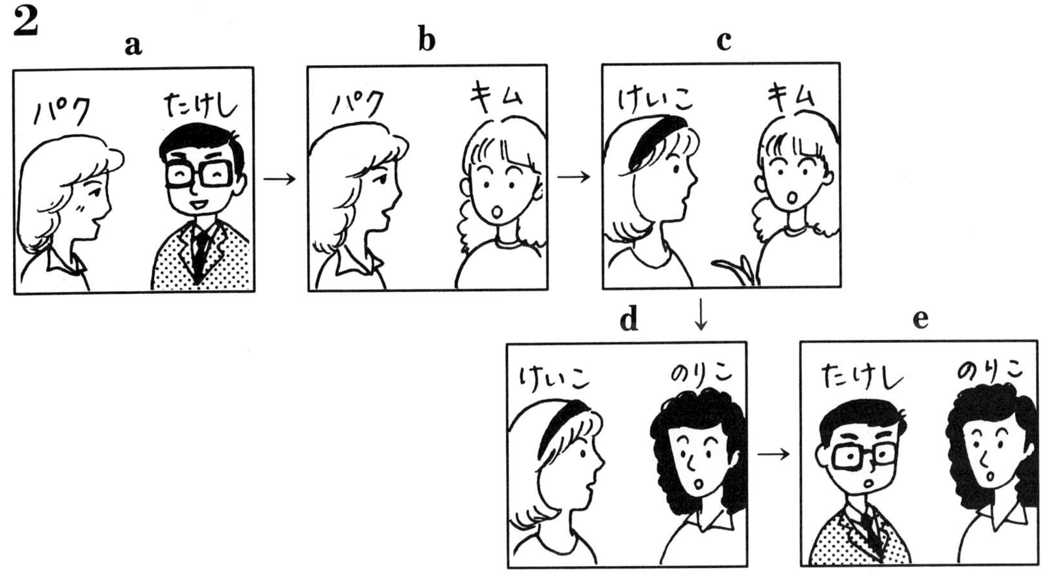

Ⅰ．テープを聞いて、内容を覚えてください。そして、それを他の人に伝えてください。

1．私の祖母がそばのそば屋でおいしいおそばを食べました。
2．おととい、弟が私の夫と一緒にディスコに踊りにいきました。
3．留学生が入学式に遅刻しましたが、理由はわかりませんでした。

Ⅱ．話をまちがえて伝えた人は誰ですか。テープを聞いて、その人の名前に○をつけなさい。

1．a）京：良子さん、私、きのう、病院へ行ったんですよ。
　　　　良：え、京子さん、病気ですか。
　　　　京：いいえ、リンさんのお見舞いです。
　　　　良：リンさん、どうかしたんですか。
　　　　京：どうも胃腸が悪いそうです。
　　　　良：ああ、胃腸がね。そういえば、最近食欲がないと言っていました。
　　　　京：1週間ぐらい病院にいるそうです。
　　　　良：そうですか。じゃあ、私もお見舞いに行ってみます。

　　b）太：あれ、良子さん、帰るんですか。早いですね。
　　　　良：ええ。お見舞いに行くんです。
　　　　太：え、誰の。
　　　　良：リンさんのです。胃腸が悪いそうですよ。
　　　　太：ああ、最近顔色が悪かったですからねえ。
　　　　良：ええ。太郎さんは行きませんか。
　　　　太：すみませんが…明日テストがあるので…。
　　　　良：そうですか。わかりました。じゃあ、さようなら。

　　c）太：ねえ、チンさん、聞きましたか。良子さん、リンさんのお見舞いに行ったそうですよ。
　　　　チ：え、いつですか。
　　　　太：きのうの午後です。帰る時、会いましたから。私も今日行くんです。
　　　　チ：え、太郎さんも。
　　　　太：チンさんも行きませんか。
　　　　チ：(少し笑いながら) 私は行きませんよ。そんな、まだ早いですよ。
　　　　太：(不思議そうに) ああ、そうですか。

　　d）チ：ねえねえ。明さん、聞きましたか。良子さんがお見合いに行ったそうですよ。
　　　　明：ええ、お見合い。
　　　　チ：そうなんですよ。
　　　　明：まだ学生なのに…結婚したいんでしょうか。
　　　　チ：そうですよね。まだ若いですよね。太郎さんも今日行くと言っていました。

Ⅰ. 테이프를 듣고 내용을 기억하시오. 그리고 그것을 남에게 전하시오.

1. 나의 할머니가 근처에 있는 메밀국수집에서 맛있는 메밀국수를 먹었습니다.
2. 그저께 동생이 나의 남편과 함께 디스코테크에 춤추러 갔습니다.
3. 유학생이 입학식에 지각하였는데, 이유는 알 수 없었습니다.

Ⅱ. 이야기를 잘못 전한 사람은 누구입니까? 테이프를 듣고, 그 사람의 이름에 ○를 표
　기하시오.

1. a) 京 : 요시꼬 씨, 나, 어제, 병원에 갔었어요.
　　　良 : 예? 교꼬 씨, 아파요?
　　　京 : 아니오, 린 씨 문병이에요.
　　　良 : 린 씨, 어디 아픕니까?
　　　京 : 아무래도 위장이 나쁘다고 합니다.
　　　良 : 아, 위장이 말이죠? 그러고 보니, 최근 식욕이 없다고 하던대요.
　　　京 : 1주일 정도 입원해 있다고 합니다.
　　　良 : 그렇습니까? 그럼, 나도 문병하러 가 보겠습니다.

　 b) 太 : 아니, 요시꼬 씨, 귀가합니까? 이르군요.
　　　良 : 저어. 문병 갑니다.
　　　太 : 예? 누구 문병?
　　　良 : 린 씨 문병입니다. 위장이 나쁘다고 합니다.
　　　太 : 아아, 최근 안색이 좋지 않았으니까….
　　　良 : 예. 다로 씨는 가지 않겠습니까?
　　　太 : 미안하지만…내일 시험이 있어서….
　　　良 : 그렇습니까? 알았습니다. 그럼, 안녕히 가세요.

　 c) 太 : 저…, 진 씨, 들었어요?
　　　　　요시꼬 씨, 린 씨를 문병하러 갔다고 합니다.
　　　チ : 예? 언제입니까?
　　　太 : 어제 오후입니다. 귀가 때, 만났으니까. 나도 오늘 갑니다.
　　　チ : 예? 다로 씨도?
　　　太 : 진 씨도 가지 않겠습니까?
　　　チ : (조금 웃으면서) 나는 가지 않겠어요. 그런 거, 아직 일러요.
　　　太 : (이상히 여기며) 아아, 그렇습니까?

　 d) チ : 저…저…, 아끼라 씨, 들었어요? 요시꼬 씨가 맞선을 보러 갔다고 해요.
　　　明 : 예? 맞선을 보러?
　　　チ : 그렇답니다.
　　　明 : 아직 학생인데도…결혼하고 싶은 건가요?
　　　チ : 그렇지요. 아직 젊은데 말이죠. 다로 씨도 오늘 간다고 하던대요.

　　明：え、太郎さんも。2人ともどうしたんでしょう。
　　チ：2人とも今年結婚するかもしれませんね。
　　明：ええ、本当に。

e）明：良子さん、今年結婚するんですか。
　　良：え？
　　明：もう、みんな知ってますよ。
　　良：え、嘘ですよ。そんなの。
　　明：でも、良子さんと太郎さんがお見合いに行ったと…。
　　良：ええ、お見合い…違いますよ。お見舞いです。お・み・ま・い。
　　明：ああ、そうだったんですか。なあんだ。
　　良：もう、明さんまで。

2．a）パ：武さん、温泉に行ったそうですね。
　　　武：ええ、とてもよかったですよ。
　　　パ：どこの温泉に行ったんですか。
　　　武：箱根です。
　　　パ：箱根…どこですか。
　　　武：神奈川県です。とても有名ですよ。パクさんも1度行ってくださいよ。
　　　パ：ええ、ぜひ行きたいです。

　　b）パ：ねえねえ、キムさん、箱根を知っていますか。
　　　キ：え、箱根…。
　　　パ：ええ。神奈川県にあるそうです。
　　　キ：ああ、温泉があるところですね。パクさん、行ったんですか。
　　　パ：いいえ。私じゃありません。武さんがそこに行ったと言っていました。
　　　キ：温泉ですかあ。いいですねえ。

　　c）キ：聞きましたか。武さん、箱根の温泉に入ったそうです。
　　　け：え、温泉に。
　　　キ：ええ、神奈川の温泉だそうです。
　　　け：（あきれたように）温泉にねえ。
　　　キ：いいですね。温泉は。お酒もたくさん飲めるし。
　　　け：（なるほど、といったように）ああ、温泉に行くとお酒をたくさん飲みますか
　　　　　らねえ。
　　　キ：私も行きたいなあ。敬子さん、一緒に行きませんか。

　　d）け：ねえ、聞きました、のりこさん。
　　　の：何を。
　　　け：武さんの話ですよ。

明 : 예? 다로 씨도? 둘 다 어떻게 된 건가요?
チ : 둘 다 올해 안에 결혼할지 모르겠군요.
明 : 예. 정말.

e) 明 : 요시꼬 씨, 금년에 결혼합니까?
良 : 예?
明 : 벌써 모두 다 알고 있어요.
良 : 어머, 거짓말이에요. 그런 말.
明 : 하지만, 요시꼬 씨와 다로 씨가 맞선 보러 갔다고….
良 : 예? 맞선(おみあい)이…아니에요. 문병(おみまい)이에요. 문·병.
明 : 아아, 그랬어요? 뭐야.
良 : 이젠 아끼라 씨까지.

2. a) パ : 다께시 씨, 온천에 갔었다고 하던대요.
武 : 예, 아주 좋았습니다.
パ : 어디 온천에 갔었습니까?
武 : 하꼬네입니다.
パ : 하꼬네…어디입니까?
武 : 가나가와껭입니다. 매우 유명하지요. 박씨도 한번 가 보세요.
パ : 예, 꼭 가고 싶습니다.

b) パ : 저…저…, 김씨, 하꼬네를 아세요?
キ : 예? 하꼬네….
パ : 예. 가나가와껭에 있다고 합니다.
キ : 아아, 온천이 있는 곳이군요. 박씨, 갔었습니까?
パ : 아니오, 내가 아니예요, 다께시 씨가 거기에 갔었다고 하던대요.
キ : 온천입니까…. 좋군요.

c) キ : 들었어요. 다께시 씨, 하꼬네의 온천에 들어갔었다(入った)고 합니다.
け : 에? 온천에?
キ : 예. 가나가와의 온천이라고 합니다.
け : (어이없다는 듯이) 온천에 말이지요?
キ : 좋겠군요. 온천은. 술도 많이 마실 수 있고.
け : (과연이라고나 하는 듯이) 아아, 온천에 가면 술을
     많이 마시니까요.
キ : 나도 가고 싶은데. 게이꼬 씨, 같이 가지 않겠어요?

d) け : 저, 들었어요, 노리꼬 씨?
の : 무엇을?
け : 다께시 씨의 이야기예요.

の：何ですか。それ。

け：武さん温泉に吐いたそうですよ。

の：え、温泉に…汚いなあ。

け：ねえ。武さん、お酒好きだからね。

の：でも、飲みすぎですよ。そんな、吐くなんて…。

e）の：武さん、だめですよ。

　　武：え、何ですか。

　　の：お酒ですよ、お酒。少し飲むのがいいんですよ。

　　武：ええ…まあ…そうですが…。

　　の：たくさん飲んではいけませんよ。

　　武：(不思議そうに) はあ。

3．a）コ：ようこさん、私、テニスをしたいんですが…。

　　　よ：へえ、テニスですか、いいですね。

　　　コ：ええ。それでね、どこかいい教室はないでしょうか。

　　　よ：そうですね…私はよくわかりませんが…一郎さんは、日曜日にいつもテニス
　　　　　をすると言っていましたよ。

　　　コ：じゃあ、一郎さんに聞いてみます。

b）コ：一郎さん、一郎さんは、よくテニスをするんでしょう。

　　一：ええ。毎週日曜日に、テニス教室に行っています。

　　コ：私も行きたいんですが、どこの教室ですか。

　　一：渋谷の「レッツテニス」です。先生が親切で、いいですよ。…そうそう、先
　　　　週は、ともこさんの弟さんが来ていました。まだ高校生なのに、とても上手
　　　　でしたよ。

　　コ：へえ、そうですか。私も上手になりたいなあ。

c）ワ：コウさん、今からテニスに行くんですか。

　　コ：あ、ワンさん。

　　ワ：頑張っていますねえ。どうですか。上手になりましたか。

　　コ：ううん、まだなんです。…でも、ともこさんの弟さんは、本当に上手なんで
　　　　すよ。

　　ワ：(びっくりしながら) へえ、お元気なんですねえ。

　　コ：(妙に思って) ええ…。若いですからねえ。

d）ワ：ねえねえ、幸子さん。

　　幸：なあに、ワンさん。

　　ワ：ともこさんのお父さんね…。

　　幸：ともこさんのお父さん…どうしたんですか。

の : 뭐지요? 그건.
け : 다께시 씨 온천에 토했다(吐いた)고 해요.
の : 에? 온천에…더러워.
け : 저…, 다께시 씨는 술을 좋아하니까요.
の : 하지만, 과음을 한 거예요. 그렇게, 토하다니….

e) の : 다께시 씨, 안 돼요.
　 武 : 예? 무엇 말입니까?
　 の : 술 말이에요, 술. 조금 마시는 게 좋아요.
　 武 : 예? 아니 뭐…그렇지만….
　 の : 많이 마셔서는 안 돼요.
　 武 : (이상한 듯이) 예?

3. a) コ : 요꼬 씨, 나, 테니스를 하고 싶은데요….
　　 よ : 예? 테니스 말이지요, 좋지요.
　　 コ : 예. 그래서요, 어디 좋은 교실은 없을까요?
　　 よ : 글쎄요…나는 잘 모르는데…이찌로 씨는 일요일에 언제나 테니스를 한다고
　　　　 하던대요.
　　 コ : 그러면, 이찌로 씨에게 물어 보겠습니다.

b) コ : 이찌로 씨, 이찌로 씨는 자주 테니스를 하지요?
　 一 : 예, 매주 일요일에 테니스 교실에 다닙니다.
　 コ : 나도 다니고 싶은데, 어느 교실이지요?
　 一 : 시부야의「레츠 테니스」입니다. 선생님이 친절하고, 좋습니다.
　　　 …그래요, 지난 주에는 도모꼬 씨 동생이 왔었습니다.
　　　 아직 고등학생인데도 아주 잘하던데요.
　 コ : 예? 그렇습니까? 나도 잘할 수 있게 되고 싶은데.

c) ワ : 고 씨, 지금부터 테니스하러 갑니까?
　 コ : 아, 왕 씨,
　 ワ : 열심이군요. 어떻습니까? 잘할 수 있게 되었습니까?
　 コ : 아니, 아직입니다.
　　　 …하지만, 도모꼬 씨 동생은 정말 잘하지요.
　 ワ : (깜짝 놀라면서) 예? 건강한 모양이지요?
　 コ : (이상하게 생각하며) 예…. 젊으니까요.

d) ワ : 저어, 사찌꼬 씨.
　 幸 : 뭐지요, 왕 씨.
　 ワ : 도모꼬 씨 아버님 말인데요.
　 幸 : 도모꼬 씨 아버님…어떻게 되었어요?

ワ：テニスがとても上手だそうですよ。
幸：へえ、ともこさんのお父さんて、もう60歳ぐらいですよねえ。
ワ：ええ、確か、58歳だと言っていました。
幸：ふうん、元気ですねえ。
ワ：今度一緒にテニスをしたいですねえ。

e）幸：ともこさん、今度の土曜日に、みんなでテニスをするんですが…。
と：わあ、いいですね。
幸：それでね。ともこさんと、ともこさんのお父さんも一緒にどうですか。
と：え、うちの父ですか。だめですよ。
幸：え、でも、テニスが上手だとワンさんが言っていました。
と：違いますよ。父は今病気で、運動をしてはいけないんですから…。

ワ : 테니스를 아주 잘한다고 하던대요.
幸 : 예? 도모꼬 씨 아버지라면 벌써 60세쯤 되었을 텐데….
ワ : 예. 확실히 58세라고 했어요.
幸 : 으응, 건강하군요.
ワ : 이번에 함께 테니스를 하고 싶군요.

e) 幸 : 도모꼬 씨, 이번 토요일에 모두가 테니스를 하는데요….
　 と : 어머, 좋군요.
　 幸 : 그래서요. 도모꼬 씨하고, 도모꼬 씨 아버님도 함께 하면 어떨까요?
　 と : 예? 우리 아버지요? 안 돼요.
　 幸 : 예? 하지만, 테니스를 잘하신다고 왕 씨가 말하던대요.
　 と : 아니예요. 아버지는 지금 편찮으셔서, 운동을 해서는 안 되니까요….

II.　1.チン　2.けいこ　3.ワン

제 18 과

留学生の生活

유학생 생활

토픽·어휘	유학생의 생활 조사
학습 내용	강의를 듣고 메모하는 연습을 한다. (테이프 시간 : 5분 21초)
연습 요령	

- I　단계 : 테이프를 듣고, 앙케트의 질문에 답을 쓴다.

読解 アンケートに答えなさい。

アンケート調査

1．何のために日本へ来ましたか。

　　□日本語の勉強　　□専門の勉強　　□日本文化の理解　　□その他

2．1か月の生活費はどのぐらいですか。

　　□10万円以下　　□10〜15万円　　□15〜20万円　　□20万円以上

3．アルバイトをしていますか。
　　□はい　　　　　　□いいえ

4．日本へ来てからいちばんうれしかったことは何ですか。

5．日本へ来てからいちばん嫌だったことは何ですか。

6．日本からあなたの国へ持って帰りたいものは何ですか。
　　　例：地下鉄

性別　□男　□女
年齢　＿＿＿＿＿歳
国　　＿＿＿＿＿

どうもありがとうございました。

Ⅰ．テープを聞いて、アンケートの結果についてメモをしなさい。日本語でも、自分の
国のことばでもいいです。

★あなたの留学生活と比べてどうですか。クラスで話し合ってから感想や意見を
まとめましょう。

Ⅰ．テープを聞いて、アンケートの結果についてメモをしなさい。日本語でも自分の国の
　　ことばでもいいです。

　　ええ、きょうは日本にいる留学生についてお話したいと思います。ええ、日本にいる
留学生が、どんな生活をしているのか、また、日本をどう思っているのか、ということで
すね、そのことについて、お話したいと思います。
　　ええ、まず、みなさんが持っているアンケートを見てください。これは、東京に住ん
でいる留学生1,200人に対して行ったアンケート調査です。
　　ええ、まず、留学の目的、つまり、何のために日本へ来たか、ということですが…。
ええ、アンケート調査の1番を見てください。「何のために日本へ来ましたか」という質問
に対して、4つの答えがあります。まず、「日本語の勉強」、次に「専門の勉強」、これは、
大学や大学院、専門学校などで勉強する、ということですね。それから、「日本文化の理
解」、「その他」となっています。アンケートによると、「専門の勉強」と答えた人がいちば
ん多くて、60％でした。次が「日本語の勉強」で20％、そして「日本文化の理解」が11
％、最後が「その他」で9％でした。やはり、大学や専門学校などに入って勉強をしたい
と思っている人が多いようです。
　　ええ、次に、2番の、生活費についての質問ですが、アンケートでは、留学生の1か
月の生活費がだいたい13万円ぐらいでした。もちろん、この中には、10万円以下の人もい
るし、20万円以上の人もいます。
　　また、3番の「アルバイトをしていますか」という質問に対して、「はい」と答えた人
は30％、「いいえ」と答えた人は70％でした。ええ、とてもおもしろいことはですね、アメ
リカやヨーロッパからの留学生で、アルバイトをしている人は49％もいるんですね。これ
は、ええ、日本には英語学校がとても多いですから、英語を教えるアルバイトをさがしやす
すい、ということではないでしょうか。
　　ええと、次に、4番の質問ですが、いちばん多かったのは、「日本人の親切」で、44％
でした。ホームステイの家族や学校の先生、日本人の友達などの親切は、やはり留学生に
とって、とても嬉しいもののようです。ええ、それから、「入学試験に合格した」など留学
の目的に関係のある答えもありました。「入学試験に合格した」と答えた人は12％でした。
また、旅行をしていろいろきれいな所を見たり、自分の国にはない習慣を経験したりした
のが嬉しかった、という人も7％いました。
　　ええ、これに対して5番の質問ですが、「日本へ来てからいちばん嫌だったこと」です
ね、この質問でもいちばん多かったのは、日本人との人間関係についての答えでした。42
％、ええ、半分近い人が日本人との関係を難しいと思っているようです。例えば、「外国人
だという理由で、アパートをさがすのが難しかった」とか「外国人だからガールフレンド
のうちへ遊びに行けなかった」などです。また、「日本人は、言葉だけ優しくて、本当は親
切じゃない」と思っている人も大勢いました。留学生はみんな、日本人の友達をたくさん
作って、日本の社会に慣れたいと思っているのに、なかなか大変だということがわかりま
すね。
　　ええと、最後にですね、これはちょっとおもしろい質問だと思うんですが、6番を見

Ⅰ. 테이프를 듣고, 앙케트의 결과에 대해서 메모를 하시오. 일본어로도 모국어로도 괜찮습
　　니다.

　　에…, 오늘은 일본에 있는 유학생에 관해서 이야기하고 싶습니다. 에…, 일본에 있
는 유학생이 어떤 생활을 하고 있는가, 또 일본을 어떻게 생각하고 있는가라는 내용
인데, 이 점에 대해서 이야기하려고 합니다.
　　에…, 먼저, 여러분이 가지고 있는 앙케트를 봐 주십시오. 이것은 도꾜에 살고 있는
유학생 1,200명에 대해서 실시한 앙케트 조사입니다.
　　에…, 먼저, 유학 목적, 말하자면 무엇 때문에 일본에 왔는가라는 사항입니다만….
에…, 앙케트 조사의 1번을 봐 주십시오.「무슨 목적으로 일본에 왔습니까?」라는
질문에 대해 네 개의 답이 있습니다. 먼저,「일본어 공부」, 그 다음에「전문 분야의
공부」, 이것은 대학이나 대학원, 전문학교 등에서 공부한다라는 뜻입니다. 그리고,
「일본 문화의 이해」「기타」라고 되어 있습니다. 앙케트에 의하면,「전문 분야의 공부」
라고 대답한 사람이 제일 많아 60％였습니다. 다음이「일본어 공부」로 20％, 그리고
「일본 문화의 이해」가 11％, 마지막이「기타」로 9％였습니다. 역시 대학이나 전문
학교 등에 들어가서 공부하고 싶다는 생각을 가진 사람이 많은 것 같습니다.
　　에…, 다음으로, 2번의, 생활비에 관한 질문인데, 앙케트에서는 유학생의 1개월 생
활비가 대체로 13만 엔 정도였습니다. 물론, 이 가운데에는, 10만 엔 이하가 되는 사
람도 있고, 20만 엔 이상이 되는 사람도 있습니다.
　　또, 3번의「아르바이트를 하고 있습니까?」라는 질문에 대해서「예」하고 대답한
사람은 30％,「아니오」라고 대답한 사람은 70％였습니다. 에…, 매우 재미있는 것은
말이지요, 미국이나 유럽에서 온 유학생 중에 아르바이트를 하고 있는 사람은 49％나
된다는 것입니다. 이것은, 에…, 일본에는 영어 학교가 매우 많기 때문에, 영어를 가
르치는 아르바이트를 찾기 쉽다라는 뜻이 아닐까요?
　　저…, 그 다음으로, 4번의 질문인데, 제일 많았던 대답은「일본인의 친절」로, 44％
였습니다. 홈스테이(home stay)의 가족이나 학교 선생님, 일본인 친구 등의 친절은
역시 유학생으로서는 매우 기쁜 일인 것 같습니다. 에, 그리고「입학 시험에 합격했
다」등 유학 목적에 관계가 있는 대답도 있었습니다.「입학 시험에 합격했다」라고
대답한 사람은 12％였습니다. 또 여행을 하여 여러 아름다운 곳을 구경하거나, 자기
나라에는 없는 관습을 경험한 것이 기뻤다라고 대답한 사람도 7％ 있었습니다.
　　에…, 이에 비해서 5번의 질문인데,「일본에 와서 제일 싫었던 것」에 관한 항목입
니다. 이 질문에서도 제일 많았던 것은 일본인과의 인간 관계에 대한 대답이었습니다.
42％, 에…, 절반에 가까운 사람이 일본인과의 관계를 어렵다고 생각하고 있는 것
같습니다. 예를 들면「외국인이다라는 이유로, 아파트를 물색하는 것이 어려웠다」라
든가「외국인이기 때문에 걸 프렌드 집에 놀러 갈 수 없었다」등입니다. 또「일본인은
말로만 상냥하지, 사실은 친절하지 않다」라고 생각하고 있는 사람도 많이 있었습니다.
유학생은 모두 일본인의 친구를 많이 만들어서, 일본 사회에 익숙해지고 싶다고 생
각하고 있는데도, 상당히 어려운 일이다라는 사실을 알 수 있겠습니다.
　　저…, 마지막은, 이것은 조금 재미있는 질문이라고 생각하는데, 6번을 봐 주십시오.

てください。皆さんは、どんなものを持って帰りたいと思いますか。ええ、アンケートの結果、いちばん多かったのは「機械」です。機械というのは、例えば、コンピューターや車、ワープロなどです。そして次が、ええ、「着物やゆかた」となっています。やはり着物は人気がありますね。ええ、おもしろい答えでは、「テレビ番組」というのがあります。留学生もテレビをよく見ているんでしょうか。「ディズニーランド」も人気があります。ディズニーランドへは、東京に住んでいる留学生はみんな1回は行くようですね。

　ええ、きょうは、アンケート調査の結果から、留学生の生活についてお話しました。皆さんは、どう思いましたか。また、皆さんの書いた答えと比べて、どうでしたか。ええ、では、今日はこのぐらいで終わりたいと思います。

여러분은 어떤 것을 가지고 귀국하고 싶다고 생각합니까. 에…, 앙케트 결과 제일 많았던 것은「기계」입니다. 기계란 예를 들면, 컴퓨터나 자동차, 워드 프로세서 등입니다. 그리고 다음이, 에…,「기모노나 유까다(ゆかた)」라고 되어 있습니다. 역시 기모노는 인기가 있습니다. 에…, 재미있는 대답으로는「텔레비전 프로그램」이라고 답한 것이 있습니다. 유학생도 텔레비전을 자주 보고 있는 것일까요?「디즈니랜드」도 인기가 있습니다. 디즈니랜드에는 도꾜에 살고 있는 유학생은 모두 한 번은 가는 것 같습니다.

에…, 오늘은 앙케트 조사 결과를 통하여, 유학생 생활에 관해서 이야기를 하였습니다. 여러분은 어떤 생각을 했습니까? 또 여러분이 쓴 대답과 비교해서 어땠습니까? 에…, 그러면 오늘은 이 정도로 마치고자 합니다.

Ⅰ.　テープ原稿参照

NEW Bunka NIHONGO 청취특별훈련 1

초판발행	1994년 11월 20일
1판 21쇄	2019년 2월 28일

저자	文化外国語專門学校日本語科
책임편집	서대종, 조은형, 신명숙, 무라야마토시오
펴낸이	엄태상
마케팅	이승욱, 오원택, 전한나, 왕성석
온라인 마케팅	김마선, 김제이, 유근혜
경영기획	마정인, 조성근, 박현숙, 김예원, 전태준, 오희연
물류	유종선, 정종진, 고영두, 최진희, 윤덕현

펴낸곳	시사일본어사(시사북스)
주소	서울시 종로구 자하문로 300 시사빌딩
주문 및 교재 문의	1588-1582
팩스	(02)3671-0500
홈페이지	www.sisabooks.com
이메일	book_japanese@sisadream.com
등록일자	1977년 12월 24일
등록번호	제300 - 1977 - 31호

ISBN 978 -89-402-4130-1 18730
978 -89-402-4120-2 18730 (set)

日本　文化外国語專門学校日本語課程와 라이센스 독점 출판

* 이 교재의 내용을 사전 허가없이 전재하거나 복제할 경우 법적인 제재를 받게 됨을 알려 드립니다.

* 잘못된 책은 구입하신 서점에서 교환해 드립니다.

* 정가는 표지에 표시되어 있습니다.